LES CHASSEURS

DE

CHEVELURES

PAR

LE CAPITAINE MAYNE-REID

TRADUIT PAR

ALLYRE BUREAU

Traduction et reproduction interdites, suivant les traités.

5

PARIS
LOCARD-DAVI ET DE VRESSE
16, RUE DE L'HIRONDELLE

1854

LES

CHASSEURS DE CHEVELURES

EN VENTE CHEZ LES MÊMES ÉDITEURS

ADIEUX AU MONDE
MÉMOIRES
DE CÉLESTE MOGADOR
8 volumes.

Ces Mémoires sont la vie d'une femme que tout le monde connaît. La vie de cette femme, devenue grande dame, est racontée par elle-même, dans tous ses détails, sans mystères, sans voile, sans restrictions, à titre d'enseignement aux pauvres filles abandonnées de la fortune et de leurs parents.

Cet ouvrage est complètement inédit, et n'a paru dan aucun journal.

LA DAME AUX PERLES
Par Alex. DUMAS, fils. — 4 vol.

On se souvient de l'immense succès de la Dame aux Camélias; M. Alexandre Dumas, fils, a donné un pendant à son chef-d'œuvre en écrivant la Dame aux Perles. Ce n'est plus seulement un roman de jeunesse, c'est une étude du cœur humain dans ses replis les plus secrets.

HEURES DE PRISON
Par madame LAFARGE (née Marie Capelle). — 4 vol.

Le nom seul de madame Lafarge dit ce qu'est cet ouvrage. Quelle que soit l'opinion que l'on se soit faite sur elle, qu'on la croie innocente ou coupable, il est impossible de rester indifférent à ces récits entraînants où la magie du style s'unit à la force des pensées.

DU SOIR AU MATIN
Par A. DU CASSE. — 1 vol.

Initier les personnes qui n'ont jamais fait partie de l'armée à quelques habitudes de la vie militaire, rappeler à ceux qui ont été soldats quelques souvenirs de garnison, retracer pour ceux qui sont encore au service quelques scènes de leur vie intime, amuser un peu tout le monde, voilà quel est le but de ce livre.

LES
PETITS-FILS DE LOVELACE
Par Amédée ACHARD. — 3 volumes.

Les qualités qui distinguent cette œuvre placent M. Amédée Achard au rang de nos romanciers de premier ordre. C'est un de ces drames effrayants de la vie du grand monde dont Balzac nous a, le premier, révélé les mystères.

LES CHASSEURS

DE

CHEVELURES

PAR

LE CAPITAINE MAYNE-REID

TRADUIT PAR

ALLYRE BUREAU

Traduction et reproduction interdites, suivant les traités.

5

PARIS
LOCARD-DAVI ET DE VRESSE
16, RUE DE L'HIRONDELLE

1854

CHAPITRE XLVI

Bataille entre quatre murs (suite).

Les hurlements des Indiens, les cris non moins sauvages de leurs ennemis blancs, ne cessaient pas; mais les voix s'enrouaient, les cris se transformaient en rugissements étouffés, en jurements, en exclamations brèves et étranglées.

Par intervalles on entendait résonner les coups, et le bruit sourd des corps tombant à terre.

La chambre se remplissait de fumée, de poussière et de vapeurs sulfureuses ; les combattants étaient à moitié suffoqués.

Dès le commencement de la bataille, armé de mon revolver, j'avais tiré à la tête du sauvage qui était le plus rapproché de moi.

J'avais tiré coup sur coup et sans compter ; quelquefois au hasard, d'autrefois en visant un ennemi ; enfin, le bruit sec du chien s'abattant sur les cheminées sans capsules m'avertit que j'avais épuisé mes six canons.

Cela s'était passé en quelques secondes.

Je replaçai machinalement l'arme vide

à ma ceinture, et mon premier mouvement fut de courir à la porte.

Avant que je pusse l'atteindre, elle était fermée ; impossible de sortir.

Je me retournai, cherchant un adversaire ; je ne fus pas longtemps sans en trouver un.

A la lueur d'un coup de pistolet, je vis un Indien se précipitant sur moi la hache levée.

Je ne sais quelle circonstance m'avait

empêché de tirer mon couteau jusqu'à ce moment; il était trop tard, et, relevant mes bras pour parer le coup, je m'élançai tête baissée contre le sauvage.

Je sentis le froid du fer glissant dans les chairs de mon épaule; la blessure était légère.

Le sauvage avait manqué son coup à cause de mon brusque mouvement; mais l'élan que j'avais pris nous porta l'un contre l'autre, et nous nous saisîmes corps à corps.

Renversés sur les rochers, nous nous

débattions à terre sans pouvoir faire usage d'aucune arme; nous nous relevâmes, toujours embrassés, puis nous retombâmes avec violence.

Il y eut un choc, un craquement terrible, et nous nous trouvâmes étendus sur le sol, en pleine lumière !

J'étais ébloui, aveuglé. J'entendais derrière moi le bruit des poutres qui tombaient; mais j'étais trop occupé pour chercher à me rendre compte de ce qui se passait.

Le choc nous avait séparés; nous étions debout au même instant, nous nous saisissions encore pour retomber de nouveau sur la terre.

Nous luttions, nous nous débattions au milieu des épines et des cactus.

Je me sentais faiblir, tandis que mon adversaire, habitué à ces sortes de combats, semblait reprendre incessamment de nouvelles forces.

Trois fois il m'avait tenu sous lui; mais j'avais toujours réussi à saisir son bras droit et à empêcher la hache de descendre.

Au moment où nous traversions la muraille, je venais de saisir mon couteau ; mais mon bras était retenu aussi, et je ne pouvais en faire usage.

A la quatrième chute, mon adversaire se trouva dessous.

Un cri d'agonie sortit de ses lèvres ; sa tête s'affaissa dans les buissons, et il resta sans mouvement entre mes bras.

Je sentis son étreinte se relâcher peu à peu.

Je regardai sa figure : ses yeux étaient vitreux et retournés ; le sang lui sortait de la bouche.

Il était mort.

J'avais pourtant conscience de ne l'avoir point frappé, et j'en étais encore à tâcher de retirer mon bras de dessous lui pour jouer du couteau, quand je sentis qu'il ne résistait plus.

Mais je vis alors mon couteau : il était rouge de la lame jusqu'au manche; ma main aussi était rouge.

En tombant, la pointe de l'arme s'était trouvée en l'air et l'Indien s'était enferré.

Ma pensée se porta alors sur Zoé; et me débarrassant de l'étreinte du sauvage, je me dressai sur mes pieds. La mâsure était en flammes.

Le toit était tombé sur le brazero, et les

planches sèches avaient pris feu immédiatement.

Des hommes sortaient du milieu des ruines embrasées, mais non pour fuir; sous les jets de la flamme, au milieu de la fumée brûlante, ils continuaient de combattre, furieux, écumant de rage.

Je ne m'arrêtai pas à voir qui pouvait être ces combattants acharnés.

Je m'élançai, cherchant de tous côtés les objets de ma sollicitude.

Des vêtements flottants frappèrent mes yeux, au loin, sur la pente de la ravine, dans la direction du camp des Navajoès.

C'étaient elles! toutes les trois montaient rapidement, chacune accompagnée et pressée par un sauvage.

Mon premier mouvement fut de m'élancer après elles; mais, au même instant, cinquante cavaliers se montraient sur la hauteur et arrivaient sur nous au galop.

C'eût été folie de suivre les prisonnières ; je me retournai pour battre en retraite du côté où nous avions laissé nos captifs et nos chevaux.

Comme je traversais le fond de la ravine, deux coups de feu sifflèrent à mes oreilles, venant de notre côté.

Je levai les yeux et vis les chasseurs lancés au grand galop poursuivis par une nuée de sauvages à cheval. C'était la bande de Dacoma.

Ne sachant quel parti prendre, je m'arrêtai un moment à considérer la poursuite.

Les chasseurs, en arrivant aux cabanes, ne s'arrêtèrent point; ils continuèrent leur course par le front de la vallée, faisant feu tout en fuyant.

Un gros d'Indiens se lança à leur poursuite; une autre troupe s'arrêta près des ruines fumantes et se mit en devoir de fouiller tout autour des murs.

Cependant je m'étais caché dans le fourré de cactus; mais il était évident que mon asile serait bientôt découvert par les sauvages.

Je me glissai vers le bord en rampant

sur les mains et sur les genoux, et, en atteignant la pente, je me trouvai en face de l'entrée d'une cave, une étroite galerie de mine; j'y pénétrai et je m'y blottis.

CHAPITRE XLVII

Singulière rencontre dans une cave.

La cavité dans laquelle je m'étais réfugié présentait une forme irrégulière. Dans les parois du rocher, les mineurs avaient creusé d'étroites galeries, suivant les ramifications de la *quixa*...

La cave n'était pas profonde : la veine s'était trouvée insuffisante, sans doute, et on l'avait abandonnée.

Je m'avançai jusques dans la partie obscure, puis, grimpant contre un des flancs, je trouvai une sorte de niche où je me blottis.

En regardant avec précaution au bord de la roche, je voyais à une certaine distance au dehors, jusqu'au fond de la barranca, où les buissons étaient épais et entrelacés.

A peine étais-je installé que mon attention fut attirée par une des scènes qui se passaient à l'extérieur.

Deux hommes rampaient sur leurs mains et sur leurs genoux à travers les cactus, précisément devant l'ouverture. Derrière eux une demi-douzaine de sauvages à cheval fouillaient les buissons, mais ne les avaient point encore aperçus. Je reconnus immédiatement Godé et le docteur. Ce dernier était le plus rapproché de moi.

Comme il s'avançait sur les galets, quelque chose sortit d'entre les pierres à portée de sa main. C'était, autant que je pus en juger, un petit animal du genre des armadilles. Je vis le docteur s'allonger, le saisir, et d'un air tout satisfait, le fourrer dans un petit sac placé à son côté.

Pendant ce temps, les Indiens, criant et hurlant, n'étaient pas à plus de cinquante yards derrière lui.

Sans doute l'animal appartenait à quelque espèce nouvelle, mais le zélé naturaliste ne put jamais en donner connaissance au monde ; il avait à peine retiré sa main, qu'un cri de sauvages annonça que lui et Godé venaient d'être aperçus.

Un moment après, ils étaient étendus, sur le sol, percés de coups de lance, sans mouvement et sans vie!

Leurs meurtriers descendirent de cheval avec l'intention de les scalper. Pauvre Reichter! son bonnet lui fut ôté, le trophée sanglant fut arraché, et il resta gisant, le crâne dépouillé et rouge, tourné de mon côté. Horrible spectacle!

Un autre Indien se tenait auprès du Canadien, son long couteau à la main. Quoique vraiment apitoyé sur le sort de mon pauvre compagnon, et fort peu en humeur de rire, je ne pus m'empêcher d'observer avec curiosité ce qui allait se passer.

Le sauvage s'arrêta un moment, admirant les magnifiques boucles qui ornaient la tête de sa victime. Il pensait sans doute à l'effet superbe que produirait une telle bordure attachée à ses jambards.

Il paraissait extasié de bonheur, et, aux courbes qu'il dessinait en l'air avec son couteau, on pouvait juger que son intention était de dépouiller la tête tout entière.

Il coupa d'abord quelques mèches à l'entour, puis il saisit une poignée de cheveux ; mais avant que la lame de son couteau eut touché la peau, la chevelure lui resta dans la main et découvrit un crâne blanc et poli comme du marbre !

Le sauvage poussa un cri de terreur, lâcha la perruque, et, se rejetant en arrière, vint rouler sur le cadavre du docteur.

Ses camarades arrivèrent à ce cri ; plusieurs, mettant pied à terre, s'approchèrent; avec un air de surprise, de l'objet étrange et inconnu.

L'un d'eux, plus courageux que les autres, ramassa la perruque, et ils se mirent tous à l'examiner avec une curiosité minutieuse.

L'un après l'autre, ils vinrent considérer de près le crâne luisant et passer la main sur sa surface polie, en accompagnant ces gestes d'exclamations étonnées. Ils replacèrent la perruque dessus, la retirèrent de nouveau, l'ajustant de toutes sortes de façons.

Enfin, celui qui l'avait réclamée comme étant sa propriété, ôta sa coiffure de plumes, et, mettant la perruque sur sa tête, sens devant derrière, il se mit à marcher fièrement, les longues boucles pendant sur sa figure.

C'était une scène vraiment grotesque et dont je me serais beaucoup amusé en toute autre circonstance.

Il y avait quelque chose d'irrésistiblement comique dans l'étonnement des acteurs ; mais la tragédie m'avait trop ému pour que je fusse disposé à rire de la farce. Trop d'horreurs m'environnaient. Seguin peut être mort ! *Elle* perdue pour jamais, esclave de quelque sauvage brutal ! Ma propre situation était terrible aussi ; je ne voyais pas trop comment je pourrais en sortir, et combien de temps j'échapperais aux recherches. Au surplus, cela m'inquiétait beaucoup moins que le reste. Je ne tenais guère à ma propre vie.

Mais il y a un instinct de conservation qui agit même en dehors de la volonté. L'espérance me revint bientôt au cœur, et avec elle le désir de vivre.

Je me mis à rêver. J'organiserais une troupe puissante ; j'irais la sauver. Oui! Quand bien même je devrais employer à cela des années entières, j'accomplirais cette œuvre. Je la retrouverais, tou-

jours fidèle! Elle ne pouvait pas oublier,
Elle!

Pauvre Seguin! les espérances de toute
une vie détruites ainsi en une heure!
et le sacrifice scellé de son propre sang!

Je ne voulais cependant pas désespérer.
Dût mon destin être pareil au sien,
je reprendrais la tâche où il l'avait
laissée.

Le rideau se lèverait sur de nouvelles
scènes, et je ne quitterais point la partie
avant d'arriver à un dénouement heureux,

ou, du moins, avant d'avoir tiré de ces maux une effroyable vengeance.

Malheureux Seguin! Je ne m'étonnais plus qu'il se fût fait chasseur de scalps.

Je comprenais maintenant tout ce qu'il y avait de saint et de sacré dans sa haine impitoyable pour l'Indien sans pitié. Moi aussi, je ressentais cette haine implacable.

Toutes ces réflexions passèrent rapidement dans mon esprit, car la scène que j'ai décrite n'avait pas duré longtemps. Je me mis alors à examiner tout autour de moi pour reconnaître si j'étais suffisamment caché dans ma niche. Il pouvait bien leur venir à l'idée d'explorer les puits de mine.

En cherchant à percer l'ombre qui m'environnait, mon regard rencontra un objet qui me fit tressaillir et me donna une sueur froide.

Quelque terribles qu'eussent été les scènes que je venais de traverser, ce que je voyais me causa une nouvelle épouvante.

A l'endroit le plus sombre, je distinguai deux petits points brillants. Ils ne scintillaient pas, mais jetaient une sorte de lueur verdâtre. Je reconnus que c'étaient des yeux.

J'étais dans la cave avec une panthère! ou peut-être avec un compagnon plus terrible encore, un ours gris!

Mon premier mouvement fut de me rejeter en arrière dans ma cachette. Je me reculai jusqu'à ce que je rencontrasse le roc.

Je n'avais pas l'idée de chercher à m'é-

chapper. C'eût été me jeter dans le feu
pour éviter la glace, car les Indiens étaient
encore devant la cave.

Bien plus, toute tentative de retraite
n'aurait fait qu'exciter l'animal, qui peut-
être en ce moment se préparait à s'élancer sur moi.

J'étais accroupi, et je cherchais dans
ma ceinture le manche de mon couteau.

Je le saisis enfin, et, le dégaînant, je
me mis en attitude de défense.

Pendant tout ce temps, j'avais tenu mon regard fixé sur les deux orbes qui brillaient devant moi.

Ils étaient également arrêtés sur moi, et me regardaient sans un clignement.

Je ne pouvais en détacher mes yeux, qui semblaient animés d'une volonté propre.

Je me sentais saisi d'une espèce de fascination, et je m'imaginais que si je cessais de regarder, l'animal s'élancerait sur moi.

J'avais entendu parler de bêtes féroces dominées par le regard de l'homme, et je faisais tous mes efforts pour impressionner favorablement mon vis-à-vis.

Nous restâmes ainsi pendant quelque temps sans bouger ni l'un ni l'autre d'un pouce.

Le corps de l'animal était complétement invisible pour moi ; je n'apercevais que les cercles luisants qui semblaient incrustés dans de l'ébène.

Voyant qu'il demeurait si longtemps

sans bouger, je supposai qu'il était couché dans son repaire, et n'attaquerait pas tant qu'il serait troublé par le bruit du dehors, tant que les Indiens ne seraient pas partis.

Il me vint à l'idée que je n'avais rien de mieux à faire que de préparer mes armes.

Un couteau ne pouvait m'être d'une grande utilité dans un combat avec un ours gris.

Mon pistolet était à ma ceinture, mais

il était déchargé. L'animal me permettrait-il de le recharger? Je pris le parti d'essayer.

Sans cesser de regarder la bête, je cherchai mon pistolet et ma poire à poudre ; les ayant trouvés, je commençai à garnir les canons.

J'opérais silencieusement, car je savais que ces animaux y voient dans les ténèbres, et que, sous ce rapport, mon *vis-à-vis* avait l'avantage sur moi.

Je bourrai la poudre avec mon doigt.

Je plaçai le canon chargé en face de la batterie, et armai le pistolet.

Au cliquetis du chien, je vis un mouvement dans les yeux. L'animal allait s'élancer!

Prompt comme la pensée, je mis mon doigt sur la détente. Mais avant que j'eusse pu viser, une voix bien connue se fit entendre :

— Un moment donc, s.... mille ton....! — s'écria-t-elle. — Pourquoi diable ne dites-vous pas que vous êtes un blanc ? Je croyais avoir affaire à une canaille d'Indien. Qui diable êtes-vous donc? Serait-ce Bill Garey? Oh! non, vous n'êtes pas Billye, bien sûr.

— Non, — répondis-je, revenant de ma surprise, — ce n'est pas Bill.

— Oh! je le pensais bien. Bill m'aurait deviné plus vite que ça. Il aurait reconnu le regard du vieux nègre, comme j'aurais reconnu le sien. Ah! pauvre Billye! je crains bien que le bon trappeur soit flambé! Il n'y en a pas beaucoup qui le vaillent dans les montagnes; non, il n'y en a pas beaucoup.

— Maudite affaire ! — continua la voix avec une expression profonde. — Voilà ce que c'est que de laisser son rifle derrière soi. Si j'avais eu *Targuts* entre les mains, je ne serais pas caché ici comme un opossum effrayé. Mais il est perdu le bon fusil; il est perdu ! et la vieille jument aussi; et je suis là désarmé, démonté ! Gredin de sort !

Ces derniers mots furent prononcés avec un sifflement pénible, qui résonna dans toute la cave.

— Vous êtes le jeune ami du capitaine,

n'est-ce pas? — demanda Rubé en changeant de ton.

— Oui, — répondis-je.

— Je ne vous avais pas vu entrer, autrement j'aurais parlé plus tôt. J'ai reçu une égratignure au bras, et j'étais en train d'arranger ça quand vous serez entré. Qui pensiez-vous donc que j'étais?

— Je ne croyais pas que vous fussiez un homme. Je vous prenais pour un ours gris.

— Ha! ha! ha! hé! hi! hi! C'est ce que je me disais quand j'ai entendu craquer votre pistolet. Hi! hi! hi! Si jamais je rencontre encore Bill Garey, je le ferai bien rire. Le vieux Rubé pris pour un ours gris! La bonne farce! Hé! hé! hé! hi! hi! hi! ho! ho! hoou!

Et le vieux trappeur se livra à un accès de gaîté, tout comme s'il eût assisté à quelque farce de tréteaux à cent milles de toute espèce de danger.

— Savez-vous quelque chose de Seguin? — demandai-je, désirant savoir s'il y avait quelque probabilité que mon ami fût encore vivant.

— Si je sais quelque chose? Oui, je sais quelque chose. Je l'ai aperçu un instant. Avez-vous jamais vu un *catamount* bondir ?

— Je crois que oui, répondis-je.

— Eh bien ! vous pouvez vous le figurer. Il était dans la masure quand elle s'est écroulée. J'y étais aussi ; mais je n'y suis pas resté longtemps après. Je me glissai vers la porte, et je vis alors le capitaine aux prises avec un Indien sur un tas de décombres. Mais ça n'a pas été long. Le cap'n lui a logé quelque chose entre les côtes, et le moricaud est tombé.

— Mais, Seguin? l'avez-vous revu depuis?

— Si je l'ai revu depuis? Non, je ne l'ai pas revu.

— Je crains qu'il n'ait été tué.

— Ça n'est pas probable, jeune homme. Il connaît les puits d'ici mieux que personne de nous; et il a dû savoir où se cacher. Il s'est mis à l'abri, sûr et certain.

— Sans doute, il a pu le faire s'il a voulu, — dis-je, pensant que Seguin avait peut-être exposé témérairement sa vie en voulant suivre les captives.

— Ne soyez pas inquiet de lui, jeune homme. Le cáp'n n'est pas un gaillard à fourrer ses doigts dans une ruche où il n'y a pas de miel; il n'est pas homme à ça.

— Mais où peut-il être allé, puisque vous ne l'avez plus revu depuis ce moment-là?

— Où il peut être allé ? Il y a cinquante chemins qu'il a pu prendre au milieu de la bagarre. Je ne me suis pas occupé de regarder par où il passait. Il avait laissé là l'Indien mort sans prendre sa chevelure; et je m'étais baissé pour la cueillir ; quand je me suis relevé, il n'était plus là, mais l'autre, l'*Indien*, y était, lui. Cet Indien-là a quelque amulette, c'est sûr.

— De quel Indien voulez-vous parler?

— Celui qui nous a rejoints sur le Del-Norte, le Coco.

— El Sol ! que lui est-il arrivé? Est-il tué ?

— Lui, tué! par ma foi, non ; il ne peut pas être tué : telle est l'opinion de l'Enfant. Il est sorti de la cabane après qu'elle était tombée, et son bel habit était aussi propre que s'il venait de le tirer d'une armoire. Il y en avait deux après lui ; et, bon Dieu ! fallait voir comme il les a expédiés! J'arrivai sur un par derrière et je lui plantai mon couteau dans les côtes ; mais la manière dont il a dépêché l'autre était un peu soignée. C'est le plus beau coup que j'aie vu dans les montagnes, où j'en ai vu plus d'un, je peux le dire.

— Comment donc a-t-il fait?

— Vous savez que cet Indien, — le

Coco, — combattait, avec une hachette?

— Oui.

— Bien, alors; c'est une fameuse arme pour ceux qui savent s'en servir, et il est fort sur cet instrument-là, lui; personne ne lui en remontrerait. L'autre avait une hachette aussi; mais il ne l'a pas gardée longtemps; en une minute elle lui avait été arrachée des mains, et le Coco lui a planté un coup de la sienne! Wagh! c'était un fameux coup, un coup comme on n'en voit pas souvent.

La tête du moribond a été fendue jusqu'aux épaules. Elle a été séparée en deux moitiés comme on n'aurait pas pu le faire avec une large hache!

Quand la vermine fut étendue à terre on aurait dit qu'elle avait deux têtes.

Juste à ce moment, je vis les Indiens qui arrivaient des deux côtés : et comme l'Enfant n'avait ni cheval ni armes, si ce n'est un couteau, il pensa que ça n'était pas sain pour lui de rester là plus longtemps, et il alla se cacher. Voilà!

CHAPITRE XLVIII

Enfumés.

Nous avions parlé à voix basse, car les Indiens se tenaient toujours devant la cave.

Un grand nombre étaient venus se joindre aux premiers, et examinaient le crâne du Canadien avec la même curiosité et la même surprise qu'avaient manifestées leurs camarades.

Rubé et moi nous les observions en gardant le silence; le trappeur était venu se placer auprès de moi, de façon qu'il pouvait voir dehors et me parler tout bas.

Je craignais toujours que les sauvages ne dirigeassent leurs recherches du côté de notre puits.

— Ça n'est pas probable, — dit mon

compagnon; il y a trop de puits comme ça, voyez-vous; il y en a une masse, plus de cent, de l'autre côté.

De plus, presque tous les hommes qui se sont sauvés ont pris par là, et je crois que les Indiens suivront la même direction; ça les empêchera de... Jésus, mon Dieu, ne voilà-t-il pas ce damné chien, maintenant!

Je ne compris que trop la signification du ton de profonde alarme avec lequel ces derniers mots avaient été prononcés.

En même temps que Rubé j'avais aperçu Alp. Il courait çà et là devant la cave. Le pauvre animal était à ma recherche.

Un moment après il était sur la piste du chemin que j'avais suivi à travers les cactus, et venait en courant dans la direction de l'ouverture.

En arrivant près du corps du Canadien, il s'arrêta, parut l'examiner, poussa un hurlement, et passa à celui du docteur, autour duquel il répéta la même démonstration.

Il alla plusieurs fois de l'un à l'autre,

et enfin les quitta; puis, interrogeant la terre avec son nez, il disparut de nos yeux.

Ses étranges allures avaient attiré l'attention des sauvages, qui, tous, l'observaient.

Mon compagnon et moi, nous commencions à espérer qu'il avait perdu mes traces, lorsque, à notre grande consternation, il reparut une seconde fois, suivant ma piste comme auparavant.

Cette fois, il sauta par dessus les cadavres, et un moment après il s'élançait dans la cave.

Les cris des sauvages nous annoncèrent que nous étions découverts.

Nous essayâmes de chasser le chien, et nous y réussîmes, Rubé lui ayant donné un coup de couteau; mais la blessure elle-même et les allures de l'animal démontrèrent aux ennemis qu'il y avait quelqu'un dans l'excavation.

L'entrée fut bientôt obscurcie par une masse de sauvages criant et hurlant.

— Maintenant, jeune homme, — dit mon compagnon, — voilà le moment de vous servir de votre pistolet. C'est un pistolet du nouveau genre que vous avez là? Chargez-en tous les canons.

— Est-ce que j'aurai le temps de les charger?

— Vous aurez tout le temps. Ils n'entreront pas ici sans lumière. Il faut qu'ils aillent à la masure pour avoir une torche. Dépêchez-vous! Mettez-vous en état d'en descendre quelques-uns.

Sans prendre le temps de répondre, je

saisis ma poudrière et chargeai les cinq autres canons du revolver.

A peine avais-je fini, qu'un des Indiens se montra devant l'ouverture, tenant à la main un brandon qu'il se disposait à jeter dans la cave.

— A vous maintenant, — cria Rubé.
— F...ichez-moi ce b....-là par terre! Allons!

Je tirai, et le sauvage, lâchant la torche, tomba mort dessus!

Un cri de fureur suivit la détonation, et les Indiens disparurent de l'ouverture.

Un instant après, nous vîmes un bras s'allonger, et le cadavre fut retiré de l'entrée.

— Que croyez-vous qu'ils vont faire maintenant? — demandai-je à mon compagnon.

— Je ne peux pas vous dire exactement; mais la position n'est pas bonne, j'en conviens. Rechargez votre coup. Je crois que nous en abattrons plus d'un avant qu'ils

ne prennent notre peau. Gredin de sort!
mon bon fusil, Targuts! Ah! si je l'avais
seulement avec moi! Vous avez six coups,
n'est-ce pas? bon! Vous pouvez remplir la
cave de leurs carcasses avant qu'ils arrivent jusqu'à nous. C'est une bonne arme
que celle-là : on ne peut pas dire le contraire. J'ai vu le cap'n s'en servir. Bon Dieu!
quelle musique il lui a fait jouer sur ces
moricauds dans la masure! Il y en a plus
d'un qu'il a mis à bas avec. Chargez bien,
jeune homme! Vous avez tout le temps.
Ils savent qu'il ne fait pas bon de s'y
frotter.

Pendant tout ce dialogue, aucun des
Indiens ne se montra; mais nous les en-

tendions parler de chaque côté de l'ouverture, en dehors. Ils étaient en train de discuter un plan d'attaque contre nous.

Comme Rubé l'avait supposé, ils semblaient se douter que la balle était partie d'un revolver. Probablement quelqu'un des survivants du dernier combat leur avait donné connaissance du terrible rôle qu'y avaient joué ces nouveaux pistolets, et ils ne se souciaient pas de s'y exposer. Qu'allaient-ils essayer? De nous prendre par la famine?

— Ça se peut; — dit Rubé, répondant à cette question, — et ça ne leur sera pas difficile. Il n'y a pas un brin de victuaille ici, à moins que nous ne mangions des cailloux. Mais il y a un autre moyen qui nous ferait sortir bien plus vite, s'ils ont l'esprit de l'employer. Ha! — s'écria le trappeur avec énergie; — je m'y attendais bien. Les gueux vont nous enfumer. Regardez là-bas!

Je regardai dehors à une certaine distance, je vis des Indiens venant dans la direction de la cave, et apportant des brassées de broussailles. Leur intention était claire.

— Mais pourront-ils réussir? demandai-je, mettant en doute la possibilité de nous enfumer par ce moyen ; — ne pourrons-nous pas supporter la fumée ?

— Supporter la fumée! Vous êtes jeune, l'ami. Savez-vous quelle sorte de plantes ils vont chercher là-bas!

— Non ; qu'est-ce que c'est donc?

— C'est une plante qui ne sent pas bon : c'est la plante la plus puante que vous ayez jamais sentie, je le parie. Sa fumée ferait sortir un chinche de son trou. Je vous le dis, jeune homme, nous serons forcés de quitter la place, ou nous étoufferons ici.

L'Enfant aimerait mieux se battre contre trente Indiens et plus que de rester à cette fumée. Quand elle commencera à gagner, je prendrai mon élan dehors ; voilà ce que je ferai, jeune homme.

— Mais comment ? — demandai-je haletant, — comment nous y prendrons-nous ?

— Comment ? Nous sommes sûrs d'être pincés ici, n'est-ce pas ?

— Je suis décidé à me défendre jusqu'à la dernière extrémité.

— Très bien; alors voici ce qu'il faut faire, et il ne faut pas faire autrement : — quand la fumée s'élèvera de manière qu'ils ne puissent pas nous voir sortir, vous vous jetterez au milieu d'eux. Vous avez le pistolet, et vous pouvez aller de l'avant. Tirez sur tous ceux qui vous barreront le chemin, et courez comme un daim ! Je me tiendrai sur vos talons. Si seulement nous pouvons passer au travers, nous gagnerons les broussailles, et nous nous fourrons dans les puits de l'autre côté. Les caves communiquent de l'une à l'autre, et nous pourrons les dépister. J'ai vu le temps où le vieux Rubé savait un peu courir ; mais les jointures sont un peu raides maintenant. Nous pouvons essayer pourtant; et puis, jeune homme, nous n'avons pas d'autre chance, comprenez-vous ?

Je promis de suivre à la lettre les instructions que venait de me donner mon compagnon.

— Ils n'auront pas encore le scalp du vieux Rubé de cette fois, ils ne l'auront pas encore, hi ! hi ! hi ! — murmura mon camarade, incapable de jamais désespérer.

Je me retournai vers lui. Il riait de sa propre plaisanterie, et, dans une telle situation, cette gaîté me causa comme une sorte d'épouvante.

Plusieurs charges de broussailles avaient été empilées à l'embouchure de la cave. Je reconnus des plantes de créosote : l'*ideondo*.

On les avait placées sur la torche encore allumée ; elles prirent feu et dégagèrent une fumée noire et épaisse. D'autres broussailles furent ajoutées par'dessus, et la vapeur fétide, poussée par l'air du dehors, commença à nous entrer dans les narines et dans la gorge, provoquant chez nous un sentiment subit de faiblesse et de suffocation. Je n'aurais pu supporter longtemps cette atteinte; Rubé me cria :

— Allons, voilà le moment, jeune homme! dehors, et tapez dessus!

Sous l'empire d'une résolution désespérée, je m'élançai, le pistolet au poing, à travers les broussailles fumantes. J'entendis un cri sauvage et terrible. Je me trouvai au milieu d'une foule d'hommes, — d'ennemis. Je vis les lances, les tomahawks, les couteaux sanglants levés sur moi, et....

CHAPITRE XLIX

Un nouveau mode d'équitation.

Quand je revins à moi, j'étais étendu à terre, et mon chien, la cause innocente de ma captivité, me léchait la figure. Je n'avais pas dû rester longtemps sans connaissance, car les sauvages étaient encore autour de moi, gesticulant avec violence. L'un d'eux repoussait les autres en arrière. Je le reconnus, c'était Dacoma.

Le chef prononça une courte harangue qui parut apaiser les guerriers. Je ne comprenais pas ce qu'il disait, mais j'entendis plusieurs fois le nom de Quetzalcoalt. C'était le nom de leur dieu ; je ne l'ignorais pas, mais je ne m'expliquai pas, dans le moment, quel rapport il pouvait y avoir entre ce dieu et la conservation de ma vie.

Je crus que Dacoma, en me protégeant, obéissait à quelque sentiment de pitié ou de reconnaissance, et je cherchais à me rappeler quel genre de service j'avais pu lui rendre pendant qu'il était prisonnier. Je me trompais grossièrement sur les intentions de l'orgueilleux sauvage.

Une vive douleur que je ressentais à la tête m'inquiétait. Avais-je donc été scalpé? Je portai la main à mes cheveux pour m'en assurer; mes boucles brunes étaient à leur place; mais j'avais eu le derrière de la tête fendu par un coup de tomahawk. J'avais été frappé au moment où je sortais et avant d'avoir pu faire feu.

Qu'était devenu Rubé? Je me soulevai

un peu et regardai autour de moi. Je ne le vis nulle part.

S'était-il échappé, comme il en avait annoncé l'intention ? Cela n'était pas possible ; aucun homme n'eût été capable, sans autre arme qu'un couteau, de se frayer passage au milieu de tant d'ennemis. De plus, je ne voyais parmi les sauvages aucun symptôme de l'agitation qu'aurait immanquablement provoquée la fuite d'un ennemi. Nul n'avait quitté la place. Qu'était-il donc devenu? Ha! je compris alors le sens de sa plaisanterie relativement à un scalp. Ce mot n'avait pas été, comme à l'ordinaire, à double mais bien à triple entente.

Le trappeur, au lieu de me suivre, était resté tranquillement dans le trou, d'où il m'observait sans aucun doute, sain et sauf, et se félicitant de l'avoir ainsi échappé.

Les Indiens ne s'imaginant pas que nous fussions deux dans la cave, et satisfaits d'en avoir fait sortir un, n'essayèrent plus ed l'enfumer.

Je n'avais pas envie de les détromper. La mort ou la capture de Rubé ne m'aurait été d'aucun soulagement; mais je ne pus m'empêcher de faire quelques réflexions assez maussades sur le stratagème employé par le vieux renard pour le tirer d'affaire.

On ne me laissa pas le temps de m'appesantir beaucoup sur ce détail: deux des sauvages me saisirent par les bras et m'entraînèrent vers les ruines encore en feu. Grand Dieu! était-ce pour me réserver à ce genre de mort, le plus cruel de tous, que Dacoma m'avait sauvé de leurs tomahawks!

Ils me lièrent les pieds et les mains. Plusieurs de mes compagnons étaient autour de moi et subissaient le même traitement. Je reconnus Sanchez, le toréador, et l'Irlandais aux cheveux rouges.

Il y en avait encore trois autres dont je n'ai jamais su les noms.

Nous étions sur une place ouverte devant la masure brûlée. Nous pouvions voir tout ce qui se passait à l'entour.

Les Indiens cherchaient à dégager les cadavres de leurs amis du milieu des poutres embrasées. Quand j'eus vérifié que Seguin n'était ni parmi les prisonniers ni parmi les morts, je les observai avec moins d'inquiétude.

Le sol de la cabane, déblayé des ruines, présentait un horrible spectacle. Plus de douze cadavres étaient étendus là, à moitié brûlés et calcinés. Leurs vêtements étaient consumés ; mais aux lambeaux qui en restaient encore, on pouvait reconnaître à quel parti chacun avait appartenu. Le plus grand nombre étaient des Navajoès. Il y avait aussi plusieurs cadavres de chasseurs fumant sous leurs blouses racornies. Je pensai à Garey ; mais autant que j'en pus juger, à l'aspect de ces restes informes, il n'était point parmi les morts.

Il n'y avait point de scalps à prendre pour les Indiens. Le feu n'avait pas laissé un cheveu sur la tête de leurs ennemis.

Cette circonstance parut leur causer une vive contrariété, et ils rejetèrent les corps des chasseurs au milieu des flammes qui s'échappaient encore du milieu des chevrons empilés. Puis, formant un cercle autour, ils entonnèrent, à plein gosier, un chœur de vengeance.

Pendant tout ce temps, nous restions étendus où l'on nous avait mis, gardés par une douzaine de sauvages, et en proie à de terribles appréhensions. Nous voyions le feu encore brûlant au milieu duquel on avait jeté les cadavres à demi consumés de nos camarades. Nous redoutions un sort pareil.

Mais nous reconnûmes bientôt que nous étions réservés pour d'autres desseins. Six mules furent amenées, et nous y fûmes installés d'une façon toute particulière. On nous fit asseoir le visage tourné vers la queue ; puis nos pieds furent solidement liés sous le cou des animaux ; ensuite on nous força à nous étendre sur le dos des mules, le menton reposant sur leur croupe ; dans cette position, nos bras furent placés de sorte que nos mains vinssent se réunir par dessous le ventre, et nos poignets furent attachés à leur tour comme l'avaient été nos pieds.

La position était fort incommode, et, pour surcroît, les mules, non habituées à des fardeaux de ce genre, se cabraient et ruaient, à la grande joie de nos vainqueurs.

Ce jeu cruel se prolongea longtemps après que les mules elles-mêmes en étaient fatiguées, car les sauvages s'amusaient à les exciter avec le fer de leur lance, et en leur plaçant des branches de cactus sous la queue. Nous avions presque perdu connaissance.

Les Indiens se divisèrent alors en deux bandes qui remontèrent la barranca, chacune d'un côté. Les uns emmenèrent les captives mexicaines avec les filles et les enfants de la tribu. La troupe la plus nombreuse, sous les ordres de Dacoma, devenu principal chef par la mort de l'autre, tué dans le dernier combat, nous prit avec elle.

On nous conduisit vers l'endroit où se trouvait la source, et, arrivé au bord de l'eau, on fit halte pour la nuit. On nous détacha de dessus les mules; on nous garotta solidement les uns aux autres, et nous fûmes surveillés, sans interruption, jusqu'au lendemain matin. Puis on nous *paqueta* de nouveau comme la veille et nous fûmes emmenés, à l'ouest, à travers le désert.

CHAPITRE L

Une nuance bon teint.

Après quatre jours de voyage, quatre jours de tortures, nous rentrâmes dans la vallée de Navajo.

Les captives, emmenées par le premier

détachement avec tout le butin, étaient arrivées avant nous, et nous vîmes tout le bétail, provenant de l'expédition, épars dans la plaine.

En approchant de la ville nous rencontrâmes une foule de femmes et d'enfants, beaucoup plus que nous n'en avions vu lors de notre première visite.

Il en était venu des autres villages des Navajoès, situés plus au nord.

Tous accouraient pour assister à la rentrée triomphale des guerriers, et prendre part aux réjouissances qui suivent toujours le retour d'une expédition heureuse.

Je remarquai parmi ces femmes beaucoup de figures du type espagnol. C'étaient des prisonnières qui avaient fini par épouser des guerriers indiens.

Elles étaient vêtues comme les autres, et semblaient participer à la joie générale. Ainsi que la fille de Seguin, elles s'étaient indianisées.

Il y avait beaucoup de métis, sang-mêlé, descendant des Indiens et des captives mexicaines, enfants de ces Sabines américaines.

On nous fit traverser les rues et sortir du village par l'extrémité ouest.

La foule nous suivait en poussant des exclamations de triomphe, de haine et de curiosité.

On nous conduisit près des bords de la rivière, à environ cent yards des maisons.

En vain j'avais promené mes regards de côté et d'autre, autant que ma position incommode me le permettait, je n'avais aperçu ni *elle*, ni les autres captives.

Où pouvaient-elles être? Probablement dans le temple.

Ce temple, situé de l'autre côté de la ville, était masqué par des maisons.

De la place où nous étions, je n'en pouvais apercevoir que le sommet.

On nous détacha, et on nous mit à terre.

Ce changement de position nous procura un grand soulagement. C'était un grand bonheur pour nous de pouvoir nous tenir assis ; mais ce bonheur ne dura pas longtemps.

Nous nous aperçûmes bientôt qu'on ne nous avait tiré de la glace que pour nous mettre dans le feu. Il s'agissait simplement de nous retourner.

Jusque-là, nous avions été couchés sur le ventre ; nous allions être couchés sur le dos.

En peu d'instants le changement fut accompli.

Les sauvages nous traitaient avec aussi peu de cérémonie que s'il se fût agi de choses inanimées. Et, en vérité, nous ne valions guère mieux.

On nous étendit sur le gazon.

Autour de chacun de nous, quatre longs piquets formant un parallélogramme étaient enfoncés dans le sol.

On nous attacha les quatre membres avec des courroies qui furent passées autour des piquets, et tendues de telle sorte que nos jointures en craquaient.

Nous étions ainsi, gisant la face en l'air, comme des peaux mises au soleil pour sécher.

On nous avait disposés sur deux rangs, bout à bout, de telle sorte que la tête de ceux qui étaient en avant se trouvait entre les jambes de ceux qui étaient sur la même file en arrière. Nous étions six en tout, formant trois couples un peu espacés.

Dans cette position, et attachés ainsi, nous ne pouvions faire aucun mouvement.

La tête seule jouissait d'un peu de liberté; grâce à la flexibilité du cou, nous pouvions voir ce qui se passait à droite, à gauche, et devant nous.

Aussitôt que notre installation fut terminée, la curiosité me porta à regarder tout autour de moi.

Je reconnus que j'occupais l'arrière de la file de droite, et que mon chef de file était le ci-devant soldat O'Cork.

Les Indiens chargés de nous garder commencèrent par nous dépouiller de presque tous nos vêtements, puis ils s'éloignèrent.

Les squaws et les jeunes filles nous entourèrent alors.

Je remarquai qu'elles se rassemblaient en foule devant moi et formaient un cercle épais autour de l'Irlandais.

Leurs gestes grotesques, leurs exclamations étranges et l'expression d'étonnement de leur physionomie me frappèrent.

—*Ta-yah!*—*Ta-yah!*—criaient-elles, accompagnant ces exclamations de bruyants éclats de rire.

Qu'est-ce que cela pouvait signifier? Barney était évidemment le sujet de leur gaîté. Mais qu'y avait-il de si extraordinaire en lui de plus qu'en nous autres?

Je levai la tête pour savoir de qui il s'agissait; je compris tout immédiatement.

Un des Indiens, avant de partir, avait

pris le bonnet de l'Irlandais, dont la petite tête rouge restait exposée à tous les yeux. C'était cette tête, placée entre mes deux pieds, qui, semblable à une boule lumineuse, avait attiré l'attention de toutes les femmes.

Peu à peu les squaws s'approchèrent jusqu'à ce qu'elles fussent entassées en cercle épais autour du corps de mon camarade.

Enfin, l'une d'elles se baissa et toucha la tête, puis retira brusquement sa main, comme si elle se fût brûlée.

Ce geste provoqua de nouveaux éclats de rire, et bientôt toutes les femmes du village furent réunies autour de l'Irlandais, se poussant, se bousculant, pour voir de plus près.

On ne s'occupa d'aucun de nous ; seulement on nous foulait aux pieds sans aucun égard.

Une demi-douzaine de squaws fort lourdes se servaient de mes jambes comme de marchepied, pour mieux voir par-dessus les épaules des autres.

Comme la vue n'était pas interceptée par un grand nombre de jupes, j'apercevais encore la tête de l'Irlandais qui brillait comme un météore au milieu d'une forêt de jambes.

Les Squaws devinrent de moins en moins réservées dans leurs attouchements, et, prenant des cheveux brin à brin, elles cherchaient à les arracher en riant comme des folles.

Je n'étais à coup sûr ni en position, ni en disposition de m'égayer, mais il y avait dans le derrière de la tête de Barney une telle expression de résignation patiente, qu'elle eût déridé un fossoyeur. Sanchez et les autres riaient aux larmes.

Pendant assez longtemps notre camarade endura le traitement en silence, mais enfin la douleur l'emporta sur la patience, et il commença à parler tout haut.

— Allons, allons, les filles, — dit-il d'un ton de prière peu dégagé, — ça vous amuse, n'est-ce pas? Est-ce que vous n'aviez jamais vu des cheveux rouges auparavant?

Les squaws, en entendant ces mots,

qu'elles ne comprirent naturellement pas, se mirent à rire de plus belle, découvrant leurs dents blanches.

— Vraiment, si je vous avais avec moi dans mon vieux manoir d'O'Cork, je pourrais vous en montrer des quantités à vous rendre contentes pour toute votre vie. Allons donc, ôtez-vous de dessus moi ? vous me trépignez les jambes à me broyer les os ! Aïe ! ne me tirez pas comme ça ! Sainte mère ! voulez-vous me laisser tranquille ? Que le diable vous envoie toutes ses... Aïe !

Le ton duquel furent prononcés ces derniers mots, montrait que O'Cork était sorti de son caractère, mais cela ne fit qu'augmenter l'activité de celles qui le tourmentaient, et leur gaîté ne connut plus de bornes.

Elles se mirent à l'épiler avec plus d'acharnement que jamais, criant toujours; de telle sorte que les malédictions incessantes de O'Cork n'arrivaient plus à mes oreilles que par bouffées : — Mère de Moïse!... Seigneur mon Dieu!... Sainte Vierge!... — et autres exclamations.

La scène dura ainsi pendant quelques minutes; puis, tout à coup, il y eût un arrêt; les femmes se consultèrent, préparant sans doute quelque nouveau tour.

Plusieurs jeunes filles furent envoyées vers les maisons, et revinrent avec une large olla et un autre vase plus petit.

Que prétendaient-elles faire?

Nous ne fûmes pas longtemps sans le savoir.

L'olla fut remplie d'eau à la rivière,

et l'autre vase placé près de la tête de Barney.

Ce dernier contenait du savon de yucca, en usage parmi les Mexicains du Nord.

Les femmes se proposaient de laver à fond les cheveux pour en faire partir le rouge.

Les lanières qui attachaient les bras de l'Irlandais furent relâchées, afin qu'il pût être mis sur son séant; on lui couvrit les cheveux d'un emplâtre de savon; deux squaws robustes le prirent chacun par une épaule, puis, imbibant d'eau des bouchons de fibres d'écorce, elles se mirent à frotter vigoureusement.

Cette opération parut être très peu du goût de Barney, qui se prit à hurler et à remuer la tête dans tous les sens, pour y échapper.

Vains efforts. Une des squaws lui saisit la tête entre ses deux mains et la tint ferme, tandis que l'autre, puisant de l'eau fraîche, le savonna plus énergiquement que jamais.

Les Indiennes hurlaient et dansaient tout autour; au milieu de tout ce bruit, j'entendais Barney éternuer et crier d'une voix étouffée :

— Sainte mère de Dieu !... htch-tch ! vous frotterez bien... tch-itch !... jusqu'à enlever la... p-tch ! peau, sans que... tch-itch ! ça s'en aille. Je vous dis... itch-tch ! que c'est leur couleur !... ça n... itch-tch ! ça ne s'en ira p... itch-tch ! pas... atch-itch hitch !

Mais les protestations du pauvre diable ne servaient à rien.

Le frottage et le savonnage allaient leur train pendant dix minutes au moins.

Puis on souleva la grande olla, et on en versa tout le contenu sur la tête et sur les épaules du patient.

Quel fut l'étonnement des femmes, lorsqu'elles s'aperçurent qu'au lieu de disparaître, la couleur rouge était devenue, s'il était possible, plus éclatante et plus vive que jamais.

Une autre olla pleine d'eau fut vidée

en manière de douche sur les oreilles du pauvre Irlandais; mais rien n'y faisait.

Barney n'avait pas été si bien débarbouillé depuis longtemps, et il ne serait pas sorti mieux lavé des mains d'un régiment de barbiers.

Quand les squaws virent que la teinture résistait à tous leurs efforts, elles abandonnèrent la partie, et notre camarade fut replacé sur le dos.

Son lit n'était plus aussi sec qu'auparavant, ni le mien non plus, car l'eau avait imbibé la terre tout autour, et nous étions tous couchés dans la boue. Mais c'était un léger inconvénient au milieu de tout ce que nous avions à supporter.

Longtemps encore les femmes et les enfants des Indiens restèrent autour de nous, chacun d'eux examinant curieusement la tête de notre camarade.

Nous eûmes notre part de leur curiosité; mais O'Cork était l'*éléphant* de la ménagerie.

Les Indiennes avaient vu des cheveux

semblables aux nôtres sur la tête de leurs captives mexicaines; mais sans aucun doute, Barney était le premier rouge qui eût pénétré jusque-là dans la vallée des Navajoès.

La nuit vint enfin ; les squaws retournèrent au village, nous laissant à la garde de sentinelles qui ne nous quittèrent pas de l'œil jusqu'au lendemain matin.

CHAPITRE LI

Émerveillement des naturels.

Jusque-là nous étions demeurés dans une complète ignorance du sort qui nous était réservé.

Mais d'après tout ce que nous avions entendu dire des sauvages, et d'après notre propre expérience, nous nous attendions à de cruelles tortures.

Sanchez, qui connaissait un peu la langue, ne nous laissa, au surplus, aucun doute à cet égard.

Au milieu des conversations des femmes il avait saisi quelques mots qui l'avaient instruit de ce qu'on nous destinait.

Quand elles furent parties, il nous fit part du programme, d'après ce qu'il avait pu comprendre.

— Demain, — dit-il, — ils vont danser la *mamanchie*, la grande danse de Moctezuma. C'est la fête des femmes et des enfants. Après-demain, il y aura un grand tournoi dans lequel les guerriers montreront leur adresse à l'arc, à la lutte et à l'équitation. S'ils veulent me laisser faire, je leur montrerai quelque chose en fait de voltige.

Sanchez n'était pas seulement un torero de première force, il avait passé ses jeunes années dans un cirque, et, nous le savions tous, c'était un admirable écuyer.

— Le troisième jour, — continua-t-il, —

nous ferons la course des massues; vous savez ce que c'est?

Nous en avions tous entendu parler.

— Et le quatrième?

— Oui, le quatrième!

— *On nous fera rôtir.*

Cette brusque déclaration nous aurait

émus davantage si l'idée eût été nouvelle pour nous. Mais depuis notre capture, nous avions considéré ce dénoûment comme un des plus probables.

Nous savions bien que si l'on nous avait laissé la vie sauve à la mine, ce n'était pas pour nous réserver une mort plus douce; nous savions aussi que les sauvages ne faisaient jamais des hommes prisonniers pour les garder vivants.

Rubé constituait une rare exception ; son histoire était des plus extraordi-naires, et il n'avait échappé qu'à force de ruse.

— Leur dieu, — continua Sanchez, — est celui des Mexicains Aztèques; ces tribus sont de la même race, croit-on ; je suis assez ignorant sur ces matières, mais j'ai entendu des gens dire cela. Ce dieu porte un nom diablement dur à prononcer. *Carrai!* je ne m'en souviens plus.

— Quetzalcoalt?

— *Caval*! c'est bien ça. *Pues, senores,* c'est un dieu du feu, très grand amateur de chair humaine, qu'il préfère rôtie, à ce que disent ses adorateurs. C'est pour ça qu'on nous fera rôtir. Ça sera pour lui être agréable, et en même temps pour se faire plaisir à eux-mêmes. *Dos pajaros al un golpe* (deux oiseaux avec une seule pierre) (1).

Il n'était pas seulement probable, mais tout à fait certain que nous serions traités ainsi ; et là-dessus, nous nous endormîmes, n'ayant rien de mieux à faire.

Le lendemain matin, nous vîmes tous les Indiens occupés à se peindre le corps, et à faire leur toilette.

Puis la fameuse danse, la *mamanchic*, commença.

(1) Two birds with one ston, proverbe anglais qui correspond à : *d'une pierre deux coups*.

Cette cérémonie eut lieu sur la prairie, à quelque distance en avant de la façade du temple.

Préalablement on nous avait détachés de nos piquets et on nous avait conduits sur le théâtre de la fête, afin que nous puissions voir la nation dans toute sa gloire.

Nous étions toujours garrotés, mais nos liens nous laissaient la liberté de nous tenir assis.

C'était un grand adoucissement, et ce

changement de position nous causa plus de plaisir que la vue du spectacle.

C'est à peine si je pourrais décrire cette danse quand bien même je l'aurais regardée, et je ne la regardai point.

Comme Sanchez nous l'avait dit, elle était éxécutée par les femmes de la tribu seulement.

Des processions de jeunes filles dans des costumes gais et fantastiques, portant des guirlandes de fleurs, marchaient en rond et dessinaient toutes sortes de figures. Un guerrier et une jeune fille placés sur une plate-forme élevée, représentaient Moctezuma et la reine; autour d'eux s'exécutaient les danses et les chants.

La cérémonie se terminait par une prosternation en demi-cercle devant le trône qui était occupé, à ce que je vis, par Dacoma et Adèle. Celle-ci me parut triste.

— Pauvre Seguin! — pensai-je; — elle n'a plus personne pour la protéger à présent. Son prétendu père, le chef-médecin, lui était peut-être attaché; il n'est plus là non plus, et...

Je cessai bientôt de penser à Adèle ; d'autres sujets d'alarmes plus vives vinrent m'assaillir.

Mon âme, aussi bien que mes yeux, se portaient du côté du temple que nous pouvions apercevoir de l'endroit où on nous avait placés. Nous en étions trop loin pour reconnaître les traits des femmes blanches qui garnissaient les terrasses.

Elle était là sans doute, mais je ne pouvais la distinguer des autres. Peut-être valait-il mieux qu'il en fût ainsi. C'est ce que je pensai alors.

Un Indien était au milieu d'elles. J'avais déjà vu Dacoma, avant le commencement de la danse, paradant fièrement devant elles dans tout l'éclat de sa robe royale.

Ce chef, au dire de Rubé, était brave, mais brutal et licencieux ; mon cœur était douloureusement oppressé, quand on nous reconduisit à la place que nous occupions auparavant.

Les sauvages passèrent en festins la plus grande partie de la nuit suivante ; il n'en fut pas de même pour nous. On nous fournissait à peine la nourriture suffisante. Nous souffrions beaucoup de la soif; nos gardiens se décidaient difficilement à se déranger pour nous donner de l'eau, bien que la rivière coulât à nos pieds.

Le jour revint et le festin recommença. De nouveaux bestiaux furent sacrifiés et d'énormes quartiers de viandes accrochés au-dessus des flammes.

Dès le matin, les guerriers s'équipèrent, sans revêtir cependant le costume de guerre, et le tournoi commença.

On nous conduisit encore sur le théâtre

des jeux, mais on nous plaça plus loin dans la prairie.

Je voyais distinctement sur la terrasse du temple les blancs vêtements des captives. Le temple était leur demeure. Sanchez l'avait entendu dire par les Indiens qui causaient entre eux; et il me l'avait répété.

Elles devaient y rester jusqu'au cinquième jour, lendemain de notre sacrifice. Puis le chef en choisirait une pour lui, et les autres devraient être tirées au sort par les guerriers! Oh! ces heures furent cruelles à passer.

Quelquefois, je désirais la revoir une fois encore avant de mourir; puis la réflexion me soufflait qu'il vaudrait mieux ne plus nous rencontrer. La connaissance de mon malheureux destin ne pourrait qu'augmenter l'amertume de ses douleurs. Oh! ces heures furent cruelles!

Je me mis à regarder le carrousel des sauvages. Il y avait des passes-d'armes et des exercices d'équitation. Des hommes couraient au galop avec un seul pied sur le cheval, et dans cette position lançaient la javeline ou la flèche droit au but. D'autres exécutaient la voltige sur des chevaux lancés à fond de train, et sautaient de l'un sur l'autre. Ceux-ci sautaient à bas de la selle au milieu d'une course rapide; ceux-là montraient leur adresse à manier le lasso. Puis il y eut des joûtes dans lesquelles les guerriers cherchaient à se désarçonner l'un l'autre comme des chevaliers du moyen-âge.

C'était, en fait, un très beau spectacle : un grand hippodrome dans le désert. Mais je n'étais point en disposition de m'en amuser.

Sanchez y trouvait plus de plaisir que moi. Je le voyais suivre chaque exercice avec un intérêt croissant. Tout à coup il parut agité ; sa figure prit une expression étrange : quelque pensée soudaine, quelque résolution subite venait de s'emparer de lui.

— Dites à vos guerriers, — s'écria-t-il, s'adressant à un de nos gardiens, dans la langue des Navajoès, — dites à vos guerriers que je ferais mieux que le plus fort d'entre eux, et que je pourrais leur montrer comment on manœuvre un cheval.

Le sauvage répéta ce que le prisonnier avait dit : peu à près plusieurs guerriers à cheval l'entourèrent et l'apostrophèrent.

— Toi ! un misérable esclave blanc, lutter avec des guerriers Navajoès ! Ha ! ha ! ha !

— Savez-vous aller à cheval sur la tête, vous autres ?

— Sur la tête ! comment ?

— Vous tenir sur la tête pendant que le cheval est au galop ?

— Non ; ni toi ni personne. Nous sommes les meilleurs cavaliers de toute la contrée, et nous ne le pourrions pas.

— Je le puis, moi, — affirma solennellement le toréador.

— Il se vante! c'est un fou! — crièrent-ils tous.

— Laissons-le essayer, — cria l'un; donnez-lui un cheval; il n'y a pas de danger.

— Donnez-moi mon cheval et je vous le ferai voir.

—Quel est ton cheval?

— Ce n'est aucun de ceux dont vous vous êtes servis, bien sûr; mais amenez-moi ce mustang pommelé, donnez-moi un champ de cent fois sa longueur sur la prairie, et je vous apprendrai un nouveau tour.

Le cheval qu'indiquait Sanchez était celui sur lequel il était venu depuis Del-Norte. En cherchant à le reconnaître, j'aperçus mon arabe favori, pâturant au milieu des autres.

Les Indiens se consultèrent et consentirent à la demande du torero. Le cheval qu'il avait indiqué fut pris au lasso et amené près de notre camarade, qu'on débarrassa de ses liens.

Les Indiens n'avaient pas peur qu'il s'échappât. Ils savaient bien que leurs chevaux ne seraient pas embarrassés d'atteindre le mustang pommelé ; de plus, il y avait un poste établi à chacune des entrées de la vallée, de sorte que, Sanchez leur eût-il échappé dans la plaine, il n'aurait pu sortir de la vallée. Celle-ci constituait en elle-même une prison.

Sanchez eut bientôt terminé ses préparatifs. Il noua solidement une peau de buffle sur le dos de son cheval, puis le conduisit par la bride en lui faisant décrire plusieurs fois de suite le même rond.

Quand l'animal eut reconnu le terrain, le torero lâcha la bride, et fit entendre un cri particulier. Aussitôt le cheval se mit à parcourir le cercle au petit galop.

Après deux ou trois tours, Sanchez sauta sur son dos, et exécuta ce tour bien connu qui consiste à chevaucher la tête en bas, les pieds en l'air.

Mais ce tour de force, s'il n'avait rien d'extraordinaire pour les écuyers de profession, était nouveau pour les Navajoès qui semblaient émerveillés, et poussaient des cris d'admiration.

Ils le firent recommencer maintes et maintes fois jusqu'à ce que le mustang pomelé fût en nage.

Sanchez ne voulut pas quitter la partie sans donner aux spectateurs un échantillon complet de son savoir-faire, et il réussit à les étonner au suprême degré.

Quand le carrousel fut terminé et qu'on nous reconduisit au bord de la rivière, Sanchez n'était plus avec nous. Il avait gagné la vie sauve. Les Navajoès l'avaient pris pour professeur d'équitation.

CHAPITRE LII

La course aux massues.

Le lendemain arriva. C'était le jour où nous devions entrer en scène.

Nos ennemis procédèrent aux préparatifs. Ils allèrent au bois, en revinrent avec des branches en forme de massues, fraîchement coupées, et s'habillèrent comme pour une course ou une partie de paume.

Dès le matin, on nous conduisit devant la façade du temple.

En arrivant, mes yeux se portèrent sur la terrasse. Ma bien-aimée était là; elle m'avait reconnu.

Mes vêtements en lambeaux étaient souillés de sang et de boue; mes cheveux, pleins de terre; mes bras, couverts de cicatrices; ma figure et mon cou, noirs de poudre; malgré tout cela, elle m'avait reconnu.

Les yeux de l'amour pénètrent tous les voiles.

Je n'essaierai pas de décrire la scène qui suivit.

Y eut-il jamais situation plus terrible, émotions plus poignantes, cœurs plus brisés! Un amour comme le nôtre, tantalisé par la proximité! Nous étions presque à portée de nous embrasser, et cependant le sort élevait entre nous une infranchissable barrière; nous nous sentions séparés pour jamais; nous connaissions mutuellement le sort qui nous était réservé; elle était sûre de ma mort; et moi..... Des milliers de pensées, toutes plus affreuses les unes que les autres, nous remplissaient le cœur.

Pourrais-je les énumérer ou les dire? Les mots sont impuissants à rendre de pareilles émotions. L'imagination du lecteur y suppléera.

Ses cris, son désespoir, ses sanglots déchirants me brisaient le cœur.

Pâle et défaite, ses beaux cheveux en désordre, elle se précipitait avec frénésie vers le parapet comme si elle eût voulu le franchir.

Elle se débattait entre les bras de ses compagnes qui cherchaient à la retenir ; puis l'immobilité succédait aux transports.

Elle avait perdu connaissance, on l'entraînait hors de ma vue.

J'avais les pieds et les poings liés.

Deux fois pendant cette scène j'avais voulu me dresser, ne pouvant maîtriser mon émotion; deux fois j'étais retombé.

Je cessai mes efforts et restai couché sur le sol dans l'agonie de mon impuissance.

Tout cela n'avait pas duré dix secondes; mais que de souffrances accumulées dans un seul instant! C'était la condensation des misères de tout une vie.

. . . .

Pendant près d'une demi heure je ne

vis rien de ce qui se passait autour de moi.

Mon esprit n'était point absorbé, mais paralysé, mais tout à fait mort. Je n'avais plus de pensée.

Enfin, je sortis de ma stupeur. Les sauvages avaient achevé de tout préparer pour leur jeu cruel.

Deux rangées d'hommes se déployaient parallèlement sur une longueur de plusieurs centaines de yards.

Ils étaient armés de massues, et placés en face les uns des autres à une distance de trois ou quatre pas.

Nous devions traverser en courant l'espace compris entre les deux lignes, recevant les coups de ceux qui pouvaient nous atteindre au passage.

Celui qui aurait réussi à franchir toute la ligne et à atteindre le pied de la montagne avant d'être repris, devait avoir la vie sauve. Telle était du moins la promesse !

— Est-ce vrai, Sanchez ? — demandai-je tout bas au torero qui était près de moi.

— Non,—me répondit-il sur le même ton. — C'est un moyen de vous exciter à mieux courir, afin d'animer le jeu. Vous devez mourir dans tous les cas. Je les ai entendu causer de cela.

En bonne conscience, c'eût été une mince faveur que de nous accorder la vie à de telles conditions; car l'homme le plus vigoureux et le plus agile n'aurait pu le remplir.

— Sanchez, — dis-je encore au torero, — Seguin était votre ami. Vous ferez tout ce que vous pourrez pour *elle*.

Sanchez savait bien de qui je voulais parler.

— Je le ferai, je le ferai ! — répondit-il paraissant profondément ému.

— Brave Sanchez ! Dites-lui tout ce j'ai souffert pour elle... Non, non ; ne lui parlez pas de cela !

Je ne savais vraiment plus ce que je disais.

— Sanchez, — ajoutai-je encore, une idée qui m'avait déjà traversé l'esprit me revenant, — ne pourriez-vous pas..... un couteau, une arme..... n'importe quoi..... ne pourriez-vous pas me procurer une arme quand on me déliera?

— Cela ne vous servirait à rien. Vous n'échapperiez pas quand vous en auriez cinquante.

— Cela se peut. Mais j'essaierai. Le pire qui puisse m'arriver, c'est de mourir; et j'aime mieux mourir au milieu d'une lutte.

— Ça vaudrait mieux, en effet, — murmura le torero. — J'essaierai de vous procurer une arme ; mais je pourrai bien le payer de..... — Il fit une pause. — Regardez derrière vous, — continua-t-il d'un ton significatif, tout en levant les yeux comme pour examiner le profil des montagnes, — vous aperceverez un tomahawk. Je crois qu'il est assez mal gardé, et que vous pourrez facilement vous en emparer.

— Je compris et je regardai autour de moi

Dacoma était à quelques pas, surveillant le départ des coureurs.

Je vis l'arme à sa ceinture : elle pendait négligemment.

On pouvait l'arracher.

Je tiens beaucoup à la vie, et je suis capable de déployer une grande énergie pour la défendre.

Je n'avais pas encore eu occasion de faire preuve de cette énergie dans les aventures que nous avions traversées.

J'étais resté jusque-là spectateur presque passif des scènes qui avaient eu lieu, et généralement, je les avais contemplées avec un certain dégoût.

Mais, dans d'autres circonstances, j'ai pu vérifier ce trait distinctif de mon caractère.

Sur le champ de bataille, à ma connaissance, il m'est arrivé trois fois de devoir mon salut à ma vive perception du danger et à ma promptitude pour y échapper.

Un peu plus ou un peu moins brave,

j'eusse été perdu : cela peut sembler obscur, énigmatique ; mais c'est un fait d'expérience.

Quand j'étais jeune, j'étais renommé pour ma rapidité à la course.

Pour sauter et pour courir, je n'avais jamais rencontré mon supérieur ; et mes anciens camarades de collége se rappellent encore les prouesses de mes jambes.

Ne croyez pas que je cite ces particularités pour m'enorgueillir.

La première est un simple détail de mon caractère ; les autres sont des facultés physiques dont aujourd'hui, parvenu à l'âge mûr, je me sens trop peu fier.

Je les rappelle uniquement pour expliquer ce qui va suivre.

Depuis le moment où j'avais été pris, j'avais constamment ruminé des plans d'évasion.

Mais je n'avais pas trouvé la plus petite occasion favorable.

Tout le long de la route, nous avions été surveillés avec la plus stricte vigilance.

J'avais passé la dernière nuit à combiner un nouveau plan qui m'était venu en tête en voyant Sanchez sur son cheval.

Ce plan, je l'avais complètement muri, et il n'y manquait que la possession d'une arme. J'avais bon espoir d'échapper ; je n'avais eu ni le temps, ni l'occasion de parler de mon projet au torero, et, d'ailleurs, il ne m'eût servi de rien de le lui raconter.

Même sans arme, j'entrevoyais la chance de me sauver; mais, j'avais besoin d'en avoir une pour le cas où il se trouverait parmi les sauvages un meilleur coureur que moi.

Je pouvais être tué; c'était même assez vraisemblable; mais cette mort était moins affreuse que celle qui m'était réservée pour le lendemain.

Avec ou sans arme, j'étais décidé à tenter l'aventure, au risque d'y périr.

On déliait O'Cork. C'était lui qui devait courir le premier.

Il y avait un cercle de sauvage autour du point de départ : les vieillards et les infirmes du village qui se tenaient là pour jouir du spectacle.

On n'avait pas peur que nous prissions la fuite ; on n'y pensait même pas : une vallée fermée avec un poste à chaque issue; des chevaux en quantité tout près de là, et qu'on pouvait monter en un instant. Il était impossible de s'échapper, du moins le pensaient-ils.

O'Cork partit.

Pauvre Barney; c'était un triste coureur; il n'avait pas fait dix pas dans l'avenue vivante, qu'il recevait un coup de massue, et on l'emportait sanglant et inanimé, au milieu des rires de la foule enchantée.

Un second subit le même sort, puis un troisième : c'était mon tour ; on me délia.

Je me dressai sur mes pieds, j'employai le peu d'instants qui m'étaient accordés à me détirer les membres, à concentrer dans mon âme et dans mon corps toute l'énergie dont j'étais capable pour faire face à une circonstance aussi désespérée.

Le signal de se tenir prêt fut donné aux Indiens.

Ils reprirent leurs places, brandissant leurs massues, et impatients de me voir partir.

Dacoma était derrière moi.

D'un regard de côté, j'avais mesuré l'espace qui me séparait de lui.

Je reculai de quelques pas, feignant de vouloir me donner un peu plus d'élan ; quand je fus sur le point de le toucher, je fis brusquement volte-face ; avec l'agilité d'un chat et la dextérité d'un voleur, je saisis le tomahawk et l'arrachai de sa ceinture.

J'essayai de le frapper, mais dans ma précipitation je le manquai ; je n'avais pas le temps de recommencer ; je me retournai et pris ma course.

Dacoma était immobile de surprise, et j'étais hors de son atteinte avant qu'il eût fait un mouvement pour me suivre.

Je courais, non vers l'avenue formée
par les guerriers, mais vers un côté du
cercle des spectateurs qui, je l'ai dit, était
formée de vieillards et d'infirmes.

Ceux-ci avaient tiré leurs couteaux et
leurs rangs serrés me barraient le chemin.

Au lieu d'essayer de me frayer une voie
au milieu d'eux, ce à quoi j'aurais pu ne
pas réussir, je m'élançai d'un bond terrible et sautai par dessus leurs épaules.

Deux ou trois de ceux qui étaient en arrière cherchèrent à m'arrêter au moment où je passai près d'eux ; mais je les évitai, et un instant après j'étais au milieu de la plaine, le village entier était lancé sur mes traces.

Ma direction était déterminée d'avance dans mon esprit, et sans la ressource que j'avais en vue, je n'aurais pas tenté l'aventure : je courais vers l'endroit où étaient les chevaux.

Il s'agissait de ma vie, et je n'avais pas besoin d'être autrement encouragé à faire de mon mieux.

J'eus bientôt distancé ceux qui étaient le plus près de moi au départ. Mais les meilleurs coureurs se trouvaient parmi les guerriers qui avaient formé la haie, et ceux-là commençaient à dépasser les autres.

Néanmoins, ils ne gagnaient pas sur moi. J'avais encore mes jambes de collégien.

Après un mille de chasse, je vis que j'étais à moins de la moitié de cette distance de la caballada, et à plus de trois cents yards de ceux qui me poursuivaient; mais, à ma grande terreur, en jetant un regard en arrière, je vis des hommes à cheval. Ils étaient encore loin; mais ils ne tarderaient pas à m'atteindre. Étais-je assez près pour qu'il pût m'entendre? Je criai de toute ma force, et sans ralentir ma course : « Moro, Moro ! »

Il se fit un mouvement parmi les chevaux, qui se mirent à secouer leurs têtes, puis, j'en vis un sortir des rangs et se diriger vers moi au galop. Je le reconnus à son large poitrail noir et à son museau roux : C'était Moro, mon brave et fidèle Moro !

Les autres suivaient en foule, mais avant qu'ils fussent arrivés sur moi, j'avais atteint mon cheval, et, tout pantelant, je m'étais élancé sur son dos !

Je n'avais pas de bride, mais ma bonne bête était habituée à obéir à la voix, à la main et aux genoux; je la dirigeai à travers le troupeau, vers l'extrémité occidentale de la vallée. J'entendais les hurlements des chasseurs à cheval, pendant que je traversais la caballada; je jetai un regard en arrière; une bande de vingt hommes environ courait après moi au triple galop.

Mais je ne les craignais plus maintenant. Je connaissais trop bien Moro. Quand j'eus franchi les douze milles de la vallée et gravi la pente de la Sierra, j'aperçus ceux qui me poursuivaient loin derrière, dans la plaine, à cinq ou six milles pour le moins.

CHAPITRE LIII

Combat au bord d'un précipice.

Un repos de plusieurs jours avait rendu à mon cheval toute son énergie, et il gravit la pente rocailleuse d'un pas rapide. Il me communiquait une partie de sa vigueur, et je sentais mes forces revenir.

C'était heureux, car j'allais avoir bientôt à m'en servir. J'approchais de l'endroit où le poste était établi.

Au moment où je m'étais échappé de la ville, tout entier au péril immédiat, je ne m'étais plus préoccupé de ce dernier danger. La pensée m'en revint tout à coup, et je commençai à faire provision de courage pour l'affronter.

Je savais qu'il y avait un poste sur la montagne : Sanchez me l'avait appris, et il le tenait de la bouche des Indiens.

Combien d'hommes allais-je rencontrer

là? Deux étaient bien suffisants, plus que suffisants pour moi, affaibli que j'étais, et n'ayant d'autre arme qu'un tomahawk dont j'étais fort peu habile à me servir.

Sans aucun doute, ces hommes auraient leurs arcs, leurs lances, leurs tomahawks et leurs couteaux. Toutes les chances étaient contre moi.

A quel endroit les trouverais-je?

En qualité de vedettes, leur principal devoir était de surveiller le dehors. Ils devaient donc être à une place d'où on pût découvrir cette plaine.

Je me rappelais parfaitement bien la route : c'était celle par laquelle nous avions pénétré dans la vallée.

Il y avait une plate-forme sur le sommet occidental de la Sierra.

Le souvenir m'en était resté, parce que nous y avions fait halte pendant que notre guide allait en reconnaissance en avant.

Un rocher surplombait cette plate-forme; je me souvenais aussi de cela ; car, pendant l'absence du guide, Seguin et moi nous avions mis pied à terre et nous l'avions gravi.

De ce rocher on découvrait tout le pays extérieur au nord et à l'ouest.

Sans aucun doute, les vedettes avaient choisi ce point.

Seraient-elles sur le sommet?

Dans ce cas, le meilleur parti à prendre était de passer au galop, de manière à ne pas leur donner le temps de descendre, et à courir seulement le risque des flèches et des lances. Passer au galop ! non, cela était impossible; aux deux extrémités de la plate-forme la route se rétrécissait jusqu'à n'avoir pas deux pieds de largeur, bordée d'un côté par un rocher à pic, et de l'autre par le précipice du *canon*. C'était une simple saillie de rocher qu'il était dangereux de traverser, même à pied et à pas comptés.

De plus, mon cheval avait été referré à la Mission. Les fers étaient polis par la marche, et la roche était glissante comme du verre.

Pendant que toutes ces pensées roulaient dans mon esprit, j'approchais du sommet de la Sierra.

La perspective était redoutable; le péril que j'allais affronter était extrême, et dans toute autre circonstance, il m'aurait fait reculer. Mais le danger qui était derrière moi ne me permettait pas d'hésiter; et sans savoir au juste comment je m'y prendrais, je poursuivais mon chemin.

Je m'avançais avec précaution, dirigeant mon cheval sur les parties les plus molles de la route, pour amortir le bruit de ses pas. A chaque détour, je m'arrêtais et sondais du regard ; mais je n'avais pas de temps à perdre, et mes haltes étaient courtes.

Le sentier s'élevait à travers un bois épais de cèdres et de pins rabougris. Il décrivait un zig-zag sur le penchant de la montagne. Près du sommet, il tournait brusquement vers la droite, et entrait dans le *canon*. Là commençait la saillie de roc qui continuait la route et régnait tout le long du précipice.

En atteignant ce point, je découvris le rocher où je m'attendais à voir la sentinelle.

Je ne m'étais point trompé ; elle était là ; et je fus agréablement surpris de voir qu'il n'y avait qu'un seul homme.

Il était assis sur la cîme du rocher le plus élevé, et son corps brun se détachait distinctement sur le bleu pâle du ciel.

La distance qui me séparait de lui était de trois cents yards au plus ; et il me fallait suivre la saillie qui se rapprochait de lui jusqu'au tiers environ de cette distance.

Au moment où je l'aperçus, je m'arrêtai pour me reconnaître.

Il ne m'avait encore ni vu ni entendu ; il me tournait le dos et paraissait observer attentivement la plaine du côté de l'ouest.

A côté de la roche, sur laquelle il était assis, sa lance était plantée dans le sol ; son bouclier, son arc et son carquois, appuyés contre. Je voyais sur lui le manche d'un couteau et un tomahawk.

Mes instants étaient comptés ; en un clin d'œil j'eus pris ma résolution. C'était d'atteindre le défilé, et de tâcher de le traverser avant que l'Indien eût le temps descendre pour me couper le chemin.

Je pressai les flancs de mon cheval.

J'avançais avec lenteur et prudence, pour deux raisons : d'abord, parce que Moro n'osait pas aller plus vite, et puis, parce que j'espérais ainsi passer sans attirer l'attention de la sentinelle.

Le torrent mugissait au-dessous; le bruit pouvait étouffer celui des sabots sur le roc.

J'allais donc, soutenu par cet espoir.

Mon œil passait du périlleux sentier au sauvage, et du sauvage au sentier que mon cheval suivait, frissonnant de terreur.

Quand j'eus marché environ vingt pas, le long de la saillie, j'arrivai en vue de la plate-forme; là, j'aperçus un groupe qui me fit saisir en tremblant la crinière de Moro : c'était un signe par lequel je l'arrêtais toujours quand je ne voulais pas me servir du mors. Il demeura immobile, et je considérai ce que j'avais devant moi.

Deux chevaux, deux mustangs, et un

homme, un Indien! Les mustangs, sellés et bridés, se tenaient tranquillement sur la plate-forme, et un lasso, attaché à la selle de l'un, était enroulé au poignet de l'Indien. Celui-ci, accroupi, le dos appuyé à un rocher, les bras sur les genoux et la tête sur les bras, paraissait endormi. Près de lui, son arc, ses flèches, sa lance et son bouclier.

La situation était terrible. Je ne pouvais plus passer sans être entendu par celui-là, et il fallait absolument passer.

Quand même je n'aurais pas été poursuivi, il ne m'était plus possible de reculer, car le passage était trop étroit pour que mon cheval pût se retourner.

Je pensai à me laisser glisser à terre, à m'avancer à pas de loup, et d'un coup de tomahawk...

Le moyen était cruel ; mais je n'avais pas le choix, et l'instinct de la conservation parlait plus haut que tous les sentiments.

Mais il était écrit que je n'aurais pas recours à cette terrible extrémité.

Moro, impatient de sortir d'une position aussi dangereuse, renifla et frappa le roc de son sabot. A ce bruit les chevaux espagnols répondirent par un hennissement.

Les sauvages furent aussitôt sur leurs pieds, et leurs cris simultanés m'apprirent que tous deux m'avaient aperçu.

La sentinelle du haut rocher saisit sa lance et se précipita en avant; mais je m'occupais exclusivement, pour le moment, de son camarade.

Celui-ci, en me voyant, avait saisi son

arc, et, machinalement, avait sauté sur son cheval; puis, avec un cri sauvage, il s'était avancé à ma rencontre sur l'étroit sentier.

Une flèche siffla à mes oreilles; dans sa précipitation, il avait mal visé.

Les têtes de nos chevaux se rencontrèrent. Ils restèrent ainsi, les yeux dilatés, soufflant de leurs naseaux. Tous les deux semblaient partager la fureur de leurs cavaliers, et comprendre qu'il s'agissait d'un combat mortel.

Ils s'étaient rencontrés dans l'endroit le plus resserré du passage. Ni l'un ni l'autre ne pouvait retourner sur ses pas; il fallait que l'un des deux fût précipité dans l'abîme : une chute de plus de mille pieds, et le torrent au fond!

Je m'arrêtai avec un sentiment profond de désespoir. Pas une arme avec laquelle je pusse atteindre mon ennemi; lui, il avait son arc, et je le voyais ajuster une seconde flèche sur la corde.

Au milieu de cette crise, trois idées se croisèrent dans mon cerveau, se suivant comme trois éclairs.

Mon premier mouvement fut de pousser Moro en avant, comptant sur sa force supérieure pour précipiter l'autre. Si j'avais eu une bride et des éperons, je n'aurais pas hésité ; mais je n'avais ni l'une ni les autres ; la chance était trop redoutable; puis, je pensai à lancer mon tomahawk à la tête de mon antagoniste. Enfin, je m'arrêtai à ceci : mettre pied à terre et m'attaquer au cheval de l'Indien.

C'était évidemment le meilleur parti ; en un instant je me laissai glisser du côté du rocher.

Au moment où je descendais, une flèche

me frôla la joue ; j'avais été préservé par la promptitude de mon mouvement.

Je rompai le long des flancs de mon cheval et me plaçai devant le nez du mustang.

L'animal, semblant deviner mon intention, se cabra en renaclant ; mais il lui fallut bien retomber à la même place. L'Indien préparait une troisième flèche, mais celle-ci ne devait jamais partir.

Au moment ou les sabots du mustang refrappaient le rocher, mon tomahawk s'abattait entre ses deux yeux.

Je sentis le craquement de l'os sous le fer de la hachette. Immédiatement je vis disparaître dans l'abîme cheval et cavalier, celui-ci poussant un cri terrible et cherchant vainement à s'élancer de la selle.

Il y eut un moment de silence, un long moment ; — ils tombaient, ils tombaient...

Enfin, on entendit un bruit sourd, — le choc de leurs corps rencontrant la surface de l'eau !

Je n'eus pas la curiosité de regarder au

fond, et d'ailleurs je n'en aurais pas eu le temps.

Quand je me relevai (car je m'étais mis à genoux pour frapper), je vis l'autre sauvage atteignant la plate-forme.

Il ne s'arrêta pas un instant, mais vint en courant sur moi et la lance en arrêt. J'allais être traversé d'outre en outre, si je ne réussissais pas à parer le coup. Heureusement la pointe rencontra le fer de ma hache; la lance détournée passa derrière moi, et nos corps se rencontrèrent avec une violence qui nous fit rouler tous deux au bord du précipice,

Aussitôt que j'eus repris mon équilibre, je recommençai l'attaque, serrant mon adversaire de près, afin qu'il ne pût pas se servir de sa lance.

Voyant cela, il abandonna cette arme et saisit son tomahawk. Nous combattions corps à corps, hache contre hache !

Tour à tour nous avancions ou nous reculions suivant que nous avions à parer ou à frapper.

Plusieurs fois nous nous saisîmes en

tâchant de nous précipiter l'un l'autre dans l'abîme ; mais la crainte d'être entraînés retenait nos efforts ; nous nous lâchions et recommencions la lutte au tomahawk.

Pas un mot n'était échangé entre nous. Nous n'avions rien à nous dire ; nous ne pouvions d'ailleurs nous comprendre. Notre seule pensée, notre seul but était de nous débarrasser l'un de l'autre, et il fallait absolument, pour cela, que l'un de nous deux fut tué.

Dès que nous avions été aux prises, l'Indien avait interrompu ses cris ; nous

nous battions en silence et avec acharnement.

De temps en temps une exclamation sourde, le sifflement de nos respirations, le choc de nos tomahawks, le hennissement de nos chevaux et le mugissement continuel du torrent : tels étaient les seuls bruits de la lutte.

Pendant quelques minutes nous combattîmes sur l'étroit sentier ; nous nous étions fait plusieurs blessures, mais ni l'un ni l'autre n'était grièvement atteint.

Enfin je réussis à faire reculer mon adversaire jusqu'à la plate-forme. Là nous avions du champ, et nous nous attaquâmes avec plus d'énergie que jamais.

Après quelques coups échangés, nos tomahawks se rencontrèrent avec une telle violence qu'ils nous échappèrent des mains à tous deux.

Sans chercher à recouvrer nos armes, nous nous précipitâmes l'un sur l'autre et après une courte lutte, corps à corps, nous roulâmes à terre.

Je croyais que mon adversaire avait un couteau, mais je m'étais sans doute trompé, car il s'en serait certainement servi. Je reconnus bientôt qu'il était plus vigoureux que moi. Ses bras musculeux me serraient à me faire craquer les côtes. Nous roulions ensemble, tantôt dessus, tantôt dessous. Chaque mouvement nous rapprochait du précipice !

Je ne pouvais me débarrasser de son étreinte. Ses doigts nerveux étaient serrés autour de mon cou ; il m'étranglait... Mes forces m'abandonnèrent ; je ne pus résister plus longtemps ; je me sentis mourir. J'étais... Je... Oh Dieu ! pardon !
— Oh !

. . . .

Mon évanouissement ne dut pas être

long, car, quand la conscience me revint, je sentis encore la sueur de mes efforts précédents, et mes blessures étaient toutes saignantes. La vie reprenait possession de mon être ; j'étais toujours sur la plateforme ; mais qu'était donc devenu mon adversaire ? Comment ne m'avait-il pas achevé ? Pourquoi ne m'avait-il pas jeté dans l'abîme ?

Je me soulevai sur un bras et regardai autour de moi.

Je ne vis d'autre être vivant que mon cheval et celui de l'Indien galopant sur la plate-forme et se livrant un combat à coups de tête et à coups de pieds.

Mais j'entendais un bruit, le bruit d'une lutte terrible : les rugissements rauques et entrecoupés d'un chien dévorant un ennemi, mêlés aux cris d'une voix humaine, d'une voix agonisante!

Que signifiait cela? Il y avait une crevasse sur la plate-forme, une crevasse assez profonde, et le bruit paraissait sortir de là.

Je me dirigeai de ce côté. C'était un affreux spectacle. La ravine avait environ dix pieds de profondeur, et, tout au fond, parmi les épines et les cactus, un chien énorme était en train de déchirer quelque chose qui criait et se débattait. C'était un homme, un Indien. Tout me fut expliqué.

Le chien c'était Alp; l'homme, c'était mon dernier adversaire.

Au moment où j'arrivai sur le bord de la crevasse, le chien tenait son ennemi sous lui, et le renversait à chaque nouvel effort que celui-ci faisait pour se relever. Le sauvage criait comme un désespéré. Il me sembla voir l'animal enfonçant ses crocs dans la gorge de l'Indien; mais d'autres préoccupations m'empêchèrent de regarder plus longtemps.

J'entendis des voix derrière moi. Les sauvages lancés à ma poursuite atteignaient le *canon*, et pressaient leurs chevaux vers la saillie.

M'élancer sur mon cheval, le diriger vers la sortie, tourner le rocher et descendre la montagne, fut l'affaire d'un moment. En approchant du pied, j'entendis du bruit dans les buissons qui bordaient la route, un animal en sortait, à quelques pas derrière moi : c'était mon Saint-Bernard.

En venant auprès de moi, il poussa un long hurlement et se mit à remuer la queue. Je ne comprenais pas comment il avait pu s'échapper, car les Indiens avaient dû atteindre la plate-forme avant qu'il eût pu sortir de la ravine ; mais le sang frais qui souillait ses babines et le poil de sa poitrine, montrait qu'il en avait mis un, tout au moins, hors d'état de le retenir. En arrivant sur la plaine, je jetai un coup d'œil en arrière. Les Indiens descendaient la pente de la Sierra. J'avais près d'un demi-mille d'avance, et, prenant la montagne neigeuse pour guide, je me lançai dans la prairie ouverte devant moi.

CHAPITRE LIV

Rencontre inespérée.

Quand je quittai le pied de la montagne, le pic blanc se montrait devant moi à la distance de 30 milles. Jusque-là on ne voyait pas une colline, pas un buisson, sauf quelques arbrisseaux nains d'artemisia.

Il n'était pas encore midi. Pourrais-je atteindre la montagne neigeuse avant le coucher du soleil?

Dans ce cas, je me proposais de prendre notre ancienne route vers la mine. De là, je gagnerais le Del-Norte en suivant une branche du Paloma ou quelque autre cours d'eau latéral. Tel était à peu près mon plan.

Je devais m'attendre à être poursuivi

jusqu'aux portes d'El Paso ; quand j'eus fait un mille environ, un coup d'œil en arrière me fit voir les Indiens débouchant dans la plaine et galopant après moi.

Ce n'était plus une question de vitesse. Pas un de leurs chevaux ne pouvait lutter avec le mien. Mais *Moro* aurait-il le même fond que leurs mustangs ?

Je connaissais la nature nerveuse, infatigable de cette race espagnole ; je les savais capables de galoper sans interruption pendant une journée entière, et je n'étais pas sans inquiétude sur le résultat d'une lutte prolongée.

Pour l'instant, il m'était facile de garder mon avance sans presser mon cheval, dont je tenais à ménager les forces. Tant qu'il ne serait pas rendu, je ne risquais pas d'être atteint; je galopais donc posément, observant les mouvements des Indiens, et me bornant à conserver ma distance.

De temps en temps je sautais à terre pour soulager Moro, et je courais côte à côte avec lui.

Mon chien suivait, jetant parfois un regard intelligent sur moi, et semblant avoir conscience du motif qui me faisait voyager avec une telle hâte.

Pendant tout le jour je restai en vue des Indiens ; je pouvais distinguer leurs armes et les compter ; ils étaient environ une vingtaine en tout.

Les traînards avaient tourné bride, et les hommes bien montés continuaient seuls la poursuite.

En approchant du pied de la montagne

neigeuse, je me rappelai qu'il y avait de l'eau à notre ancien campement dans le défilé. Je pressai mon cheval pour gagner le temps de nous rafraîchir tous les deux. J'avais l'intention de faire une courte halte, de laisser le noble animal reprendre haleine et se refaire un peu aux dépens de l'herbe grasse qui entourait le ruisseau. Mon salut dépendait de la conservation de ses forces, et c'était le moyen de les lui conserver.

Le soleil était près de se coucher quand j'atteignis le défilé.

Avant de m'engager au milieu des ro-

chers, je jetai un coup d'œil en arrière.
J'avais gagné du terrain pendant la dernière heure. Ils étaient au moins à trois
milles derrière, et leurs chevaux paraissaient fatigués.

Tout en continuant ma course, je me
mis à réfléchir.

J'étais maintenant sur une route connue; mon courage se ranimait; mes espérances, si longtemps obscurcies, renaissaient brillantes et vivaces. Toute mon
énergie, toute ma fortune, toute ma vie,
allaient être consacrées à un seul but. Je
lèverais une troupe plus nombreuse que

toutes celles qu'avait commandées Seguin. Je trouverais des hommes parmi les employés de la caravane, à son retour; j'irais fouiller tous les postes de trappeurs et de chasseurs dans la montagne; j'invoquerais l'appui du gouvernement mexicain; je lui demanderais des subsides, des troupes. J'en appellerais aux citoyens d'El Paso, de Chihuahua, de Durango, je...

— Par Josaphat! voilà un camarade qui galope sans selle et sans bride!

Cinq ou six hommes, armés de rifles, sortirent des rochers et m'entourèrent.

— Que je sois mangé par un Indien si ce n'est pas le jeune homme qui m'a pris pour un ours gris! Billye! regarde donc! le voilà, c'est lui, c'est lui-même! Hi! hi! hi! ho! ho!

— Rubé! Garey!

— Eh quoi! par Jupiter! c'est mon ami Haller! hourrah! mon vieux camarade! est-ce que vous ne me reconnaissez pas?

— Saint-Vrain!

— Lui-même, parbleu? Est-ce que je

suis changé? Quant à vous, il m'eût été difficile de vous reconnaître, si le vieux trappeur ne nous avait pas instruit de tout ce qui vous est arrivé. Mais, dites-moi donc comment avez-vous pu vous tirer des mains des Philistins?

— D'abord, dites-moi ce que vous êtes ici, et pourquoi vous y êtes?

— Oh! nous sommes un poste d'avant-garde! l'armée est là-bas.

— L'armée?

— Oui; nous l'appelons ainsi. Il y a là

six cents hommes : et c'est une véritable armée pour ce pays-ci.

— Mais, qui ? Quels sont ces hommes ?

— Il y en a de toutes les sortes et de toutes les couleurs. Il y a des habitants de Chihuahua et d'El Paso, des nègres, des chasseurs, des trappeurs, des voituriers ; votre humble serviteur commande la troupe de ces derniers. Et puis, il y a la bande de notre ami Seguin.

— Seguin ! Est-il...

— Quoi ? C'est notre général en chef. Mais venez : le camp est établi près de la fontaine. Allons-y. Vous paraissez affamé; et j'ai dans mes bagages une provision de Paso première qualité. Venez !

— Attendez un instant ! Je suis poursuivi.

— Poursuivi ! — s'écrièrent les chasseurs levant tous en même temps leurs rifles, et regardant vers l'entrée de la ravine. — Combien ?

— Une vingtaine environ.

— Sont-ils sur vos talons?

— Non.

— Dans combien de temps pourront-ils arriver?

— Ils sont à trois milles, avec des chevaux fatigués, comme vous pouvez l'imaginer.

— Trois quarts d'heure, une demi-heure, tout au moins. Venez! nous avons le temps d'aller là-bas et de tout préparer pour les bien recevoir. Rubé! restez-là avec les autres; nous serons revenus avant qu'ils arrivent. Venez, Haller! venez!

Je suivis mon excellent ami, qui me conduisit à la source. Là, je trouvai l'*armée;* elle en avait bien la physionomie, car deux ou trois cents hommes étaient en uniforme ; c'étaient les volontaires de Chihuahua et d'El Paso.

La dernière incursion des Indiens avait porté au comble l'exaspération des habitants, et cet armement inaccoutumé en était la conséquence. Seguin, avec le reste de sa bande, avait rencontré les volontaires à El Paso, et les avait conduits en toute hâte sur les traces des Navajoès. C'est par lui que Saint-Vrain avait su que j'étais prisonnier, et celui-ci, dans l'espoir de me délivrer, s'était joint à l'expédition avec environ quarante ou cinquante des employés de la caravane.

La plupart des hommes de la bande de Seguin avaient échappé au combat de la barranca; j'appris avec plaisir qu'El Sol et la Luna étaient du nombre. Ils accompagnaient Seguin, et je les trouvai dans sa tente.

Seguin m'accueillit comme on accueille le porteur d'heureuses nouvelles. *Elles* étaient sauves encore. Ce fut tout ce que je pus lui dire, et tout ce qu'il voulait savoir. Nous n'avions pas de temps à perdre en vaines paroles.

Cent hommes montèrent immédiatement à cheval et se dirigèrent vers la ravine. En arrivant à l'avant-poste, ils conduisirent leurs chevaux derrière les rochers et se mirent en embuscade.

L'ordre était de prendre tous les Indiens, morts ou vifs.

On avait pour instructions de laisser l'ennemi s'engager dans la ravine jusqu'au delà de l'embuscade, de le suivre jusqu'en vue du corps d'armée et de le prendre ainsi entre deux feux.

Au dessus du cours d'eau, la ravine était rocheuse et les chevaux n'y laissaient pas de traces. De plus, les Indiens, acharnés à ma poursuite, ne s'inquiéteraient pas de chercher des traces jusqu'à ce qu'ils fussent arrivés près de l'eau. Du moment qu'ils auraient dépassé l'embuscade, pas un ne pourrait s'échapper, car le défilé était bordé de chaque côté par des rochers à pic.

Quand les cent hommes furent partis, cent autres montèrent à cheval, et se placèrent en observation devant le passage.

L'attente ne fut pas longue. Nos arrangements étaient à peine terminés, qu'un Indien se montra à l'angle du rocher, à peu près à deux cents yards de la source. C'était le premier de la bande des Indiens; ceux-ci avaient déjà dépassé l'embuscade, immobile et silencieuse.

Le sauvage, voyant des hommes armés, s'arrêta brusquement; puis il poussa un cri, et courut en arrière vers ses camarades. Ceux-ci suivirent son exemple, firent volte-face; mais avant qu'ils eussent regagné la ravine, les cavaliers cachés, sortant du milieu des rochers, arrivaient sur eux au galop.

Les Indiens se voyant pris, reconnaissant la supériorité du nombre, jetèrent leurs lances et demandèrent merci.

Un instant après, ils étaient tous prisonniers.

Tout cela n'avait pas pris une demi-heure, et nous retournâmes vers la source avec nos captifs solidement garrottés.

Les chefs se réunirent autour de Seguin pour délibérer sur un plan d'attaque contre la ville. Devions-nous partir cette nuit même?

On me demanda mon avis; je répondis naturellement que le plus tôt serait le mieux pour le salut des captifs.

Mes sentiments, partagés par Seguin, étaient opposés à tout délai. Nos camarades, prisonniers, devaient mourir le lendemain; nous pouvions encore arriver à temps pour les sauver.

Comment nous y prendrions-nous pour aborder la vallée?

C'était là la première question à discuter.

Incontestablement, l'ennemi avait placé des postes aux deux extrémités. Un corps aussi important que le nôtre ne pouvait s'approcher par la plaine sans être immédiatement signalé. C'était une grave difficulté.

deux heures avant le jour. Tout se passa comme nous le désirions. Il y avait un poste de cinq Indiens à l'extrémité du défilé; ils se laissèrent approcher sans défiance, et nous les prîmes sans coup férir.

Le corps d'armée arriva bientôt après, et toujours précédé de l'avant-garde, traversa le *canon*. Arrivés à la lisière des bois situés près de la ville, nous fîmes halte, et nous nous couchâmes au milieu des arbres.

La ville était éclairée par la lune, un

profond silence régnait dans la vallée. Rien ne remuait à une heure aussi matinale; mais nous apercevions deux ou trois formes noires, debout, près de la rivière. C'étaient les sentinelles qui gardaient nos camarades prisonniers. Cela nous rassura; ils étaient donc encore vivants. En ce moment ils ne se doutaient guère, les pauvres diables, que l'heure de la délivrance fut si près d'eux. Pour les mêmes raisons que la première fois, nous retardions l'attaque jusqu'à ce qu'il fît jour; nous attendions comme alors, mais la perspective n'était plus la même.

La ville était défendue maintenant par six cents guerriers, nombre à peu près

— que vingt de nous mettent leurs habits. Nous conduirons avec nous le jeune camarade — celui qui m'a pris pour un ours gris! Hi! hi! hi! Le vieux Rubé pris pour un ours gris! — Nous le conduirons comme prisonnier. Maintenant, cap'n, vous comprenez?

— Ces vingt hommes iront en avant, prendront le poste et attendront le corps d'armée.

— Voilà la chose, c'est justement mon idée.

— C'est ce qu'il y a de mieux, c'est la

seule chose à faire ; nous agirons ainsi.

Seguin donna immédiatement l'ordre de dépouiller les Indiens de leurs vêtements. La plupart étaient revêtus d'habits pillés sur les Mexicains. Il y en avait de toutes les formes et de toutes les couleurs.

— Je vous engage, cap'n, — dit Rubé voyant Seguin se préparer à choisir les hommes de cette avant-garde, — je vous engage à prendre principalement des Delawares. Ces Navaghs sont très rusés, et on ne les attrape pas facilement. Ils pourraient reconnaître une peau blanche au clair de la lune. Ceux de nous qui iront avec eux devront se peindre en Indien, autrement nous serons éventés; nous le serons sûrement.

Seguin, suivant cet avis, choisit le plus de Delawares et de Chawnies qu'il put, et leur fit revêtir les costumes des Navajoès. Lui-même, Rubé, Garey et quelques autres complétèrent le nombre. Quant à moi, je devais naturellement jouer le rôle de prisonnier.

Les blancs changèrent d'habits et se peignirent en Indiens, genre de toilette fort usité dans la prairie, et auquel ils étaient tous habitués.

Pour Rubé, la chose ne fut pas difficile.

Sa couleur naturelle suffisait presque pour ce déguisement Il ne se donna pas la peine d'ôter sa blouse et son pantalon. Il aurait fallu les couper, et il ne se souciait pas de sacrifier ainsi son vêtement favori.

Il passa les autres habits pardessus, et,

peu d'instants après, se montra revêtu de calzoneros tailladés, ornés de boutons brillants depuis la hanche jusqu'à la cheville; d'une jaquette justaucorps, qui lui était échue en partage. Un élégant sombrero posé coquettement sur sa tête acheva de le transformer en un dandy des plus grotesques. Tous ses camarades accueillirent cette métamorphose par de bruyants éclats de rire, et Rubé lui-même éprouvait un singulier plaisir à se sentir aussi gracieusement harnaché.

Avant que le soleil eût disparu tout était prêt, et l'avant-garde se mettait en route. Le corps d'armée, sous la conduite de Saint-Vrain, devait suivre à une heure de distance. Quelques hommes seulement, des Mexicains, restaient à la source, pour garder les prisonniers navajoès.

CHAPITRE LV

La délivrance.

Nous coupâmes la plaine droit dans la direction de l'entrée orientale de la vallée.

Nous atteignîmes le *canon* à peu près

deux heures avant le jour. Tout se passa comme nous le désirions. Il y avait un poste de cinq Indiens à l'extrémité du défilé; ils se laissèrent approcher sans défiance, et nous les prîmes sans coup férir.

Le corps d'armée arriva bientôt après, et toujours précédé de l'avant-garde, traversa le *canon*. Arrivés à la lisière des bois situés près de la ville, nous fîmes halte, et nous nous couchâmes au milieu des arbres.

La ville était éclairée par la lune, un

profond silence régnait dans la vallée. Rien ne remuait à une heure aussi matinale; mais nous apercevions deux ou trois formes noires, debout, près de la rivière. C'étaient les sentinelles qui gardaient nos camarades prisonniers. Cela nous rassura; ils étaient donc encore vivants. En ce moment ils ne se doutaient guère, les pauvres diables, que l'heure de la délivrance fut si près d'eux. Pour les mêmes raisons que la première fois, nous retardions l'attaque jusqu'à ce qu'il fît jour; nous attendions comme alors, mais la perspective n'était plus la même.

La ville était défendue maintenant par six cents guerriers, nombre à peu près égal au nôtre; et nous devions compter sur un combat à outrance. Nous ne redoutions pas le résultat, mais nous avions à craindre que les sauvages, par esprit de vengeance ne missent à mort les prisonniers pendant la bataille. Ils savaient que notre principal but était de les délivrer, et, s'ils étaient vaincus, il pouvaient se donner l'horrible satisfaction de ce massacre.

Tout cela n'était que trop probable, et nous dûmes prendre toutes les mesures possibles pour empêcher un pareil résultat.

Nous étions satisfaits de penser que les

femmes captives étaient toujours dans le temple. Rubé nous assura que c'était leur habitude constante d'y tenir renfermées les nouvelles prisonnières pendant plusieurs jours, avant de les distribuer entre les guerriers. La reine, aussi, demeurait dans ce bâtiment.

Il fut donc décidé que la troupe travestie se porterait en avant, me conduisant comme prisonnier, aux premières lueurs du jour, et irait entourer le temple; par ce coup hardi, on mettait les captives blanches en sûreté. A un signal du clairon, ou au premier coup de feu, l'armée entière devait s'élancer au galop.

C'était le meilleur plan, et après en avoir arrêté tous les détails, nous attendîmes l'aube.

Elle arriva bientôt. Les rayons de l'aurore se mêlèrent à la lumière de la lune. Les objets devinrent plus distincts. Au moment où le quartz laiteux des rochers revêtit ses nuances matinales, nous sortîmes de notre couvert et nous nous dirigeâmes vers la ville. J'étais en apparence lié sur mon cheval, et gardé entre deux Delawares.

En approchant des maisons, nous vîmes plusieurs hommes sur les toits. Ils se mirent à courir çà et là, appelant les autres ; des groupes nombreux garnirent les terrasses, et nous fûmes accueillis par des cris de félicitations.

Évitant les rues, nous prîmes, au grand trot, la direction du temple. Dès que nous eûmes atteint la base des murs, nous sautâmes en bas de nos chevaux et grimpâmes aux échelles.

Les parapets des terrasses étaient garnis d'un certain nombre de femmes. Parmi elles, Seguin reconnut sa fille, la reine. En un clin d'œil elle fut emmenée et mise en sûreté dans l'intérieur. Un instant après je retrouvais ma bien-aimée auprès de sa mère et je la serrais dans mes bras. Les autres captives étaient là; sans perdre de temps en explications, nous les fîmes rentrer dans les chambres et nous gardâmes les portes, le pistolet au poing.

Tout cela s'était fait en moins de deux minutes; mais avant que nous eussions fini, un cri sauvage annonçait que la ruse était découverte. Des hurlements de rage éclatèrent dans toute la ville, et les guerriers, s'élançant de leurs maisons, accoururent vers le temple.

Les flèches commencèrent à siffler autour de nous ; mais à travers tous les bruits, les sons du clairon, qui donnaient le signal de l'attaque, se firent entendre.

Nos camarades sortirent du bois et accoururent au galop.

A deux cents yards de la ville, les cavaliers se divisèrent en deux colonnes, qui décrivirent, chacune, un quart de cercle pour attaquer par les deux bouts à la fois.

Les Indiens se portèrent à la défense

des abords du village ; mais, en dépit d'une grêle de flèches qui abattit plusieurs hommes, les cavaliers pénétrèrent dans les rues, et, mettant pied à terre, combattirent les Indiens corps à corps, dans leurs murailles. Les cris, les coups de fusil, les détonations sourdes des escopettes, annoncèrent bientôt que la bataille était engagée partout.

Une forte troupe, commandée par El Sol et Saint-Vrain, était venue au galop jusqu'au temple. Voyant que nous avions mis les captives en sûreté, ces hommes mirent pied à terre à leur tour et attaquèrent la ville de ce côté, pénétrant dans les maisons et forçant à sortir les guerriers qui les défendaient.

Le combat devint général. L'air était ébranlé par des cris et les coups de feu. Chaque terrasse était une arène où se livraient des luttes mortelles. Des femmes en foule, poussant des cris d'épouvante, couraient le long des parapets, ou gagnaient le dehors, s'enfuyant vers les bois. Des chevaux effrayés, soufflant, hennissant, galopaient à travers les rues, et se sauvaient dans la prairie, la bride traînante ; d'autres, enfermés dans des parcs, se précipitaient sur les barrières et les brisaient. C'était une scène d'effroyable confusion, un terrible spectacle.

Au milieu de tout cela, j'étais simple spectateur. Je gardais la porte d'une chambre où étaient enfermées celles qui nous étaient chères. De mon poste élevé, je découvrais tout le village, et je pouvais suivre les progrès de la bataille sur tous les points. Beaucoup tombaient de part et d'autre, car les sauvages combattaient avec le courage du désespoir. Je ne redoutais pas l'issue de la lutte ; les blancs avaient trop d'injures à laver, et le souvenir de tous les maux qu'ils avaient soufferts doublait leur force et leur ardeur. Ils avaient l'avantage des armes pour ce genre de combat, les sauvages était principalement redoutables en plaine, avec leurs longues lances.

Au moment où mes yeux se portaient sur les terrasses supérieures, une scène terrible attira mon attention, et me fit oublier toutes les autres. Sur un toit élevé, deux hommes étaient engagés dans un combat terrible et mortel. A leurs brillants vêtements, je reconnus les combattants. C'était Dacoma et le Maricopa !

Le Navajo avait une lance ; l'autre tenait un rifle dont il se servait en guise de massue.

Quand mes yeux tombèrent sur eux, ce dernier venait de parer et portait un coup que son antagoniste évita. Dacoma, se retournant subitement, revint à la charge avec sa lance, et avant qu'El Sol put se retirer le coup était porté, et la lance lui traversait le corps.

Involontairement je poussai un cri; je m'attendais à voir le noble Indien tomber. Quel fut mon étonnement en le voyant brandir son tomahawk au-dessus de sa tête, se porter en avant sur la lance, et abattre le Navajo à ses pieds !

Attiré lui-même par l'arme qui le perçait d'outre en outre, il tomba sur son ennemi; mais se relevant bientôt, il retira la lance de son corps, et, se penchant au-dessus du parapet, il s'écria :

— Viens, Luna ! viens ici ; notre mère est vengée.

Je vis la jeune fille s'élancer vers le toit, suivie de Garey, et un moment après, le Maripoca tombait, sans connaissance, entre les bras du trappeur.

Rubé, Saint-Vrain et quelques autres arrivèrent à leur tour et examinèrent la blessure. Je les observais avec une anxiété profonde, car le caractère de cet homme singulier m'avait inspiré une vive affection. Quelques instants après Saint-Vrain venait me rejoindre, et j'apprenais que la blessure n'était pas mortelle. On pouvait répondre de la vie d'El Sol.

. . . .

La bataille était finie. Les guerriers survivants avaient fui vers la forêt. On entendait encore par-ci, par-là un coup de feu isolé, et le cri d'un sauvage qu'on découvrait caché dans quelque coin.

Beaucoup de captives blanches avaient

été trouvées dans la ville, et on les amenait devant la façade du Temple, gardée par un poste de Mexicains. Les femmes indiennes s'étaient réfugiées dans les bois. C'était heureux ; car les chasseurs et beaucoup de volontaires exaspérés par leurs blessures, échauffés par le combat couraient partout comme des furieux. La fumée s'échappait de plus d'une maison, les flammes suivaient, et la plus grande partie de la ville ne montra bientôt plus que des monceaux de ruines fumantes.

Nous passâmes la journée entière à la ville des Navajoès pour refaire nos chevaux et nous préparer à la traversée du désert. Les troupeaux pillés furent rassemblés. On tua la quantité de bestiaux nécessaire pour les besoins immédiats.

Le reste fut remis en garde aux *vaqueros* pour être emmené. La plupart des chevaux des Indiens furent pris au lasse; les uns servirent aux captives délivrées, les autres furent emmenés comme butin. Mais il n'aurait pas été prudent de rester longtemps dans la vallée. Il y avait d'autres tribus de Navajoès vers le nord, qui pouvaient bientôt être sur notre dos.

Il y avait aussi leurs alliés : la grande nation des Apaches au sud, et celle des Nijoras à l'ouest.

Nous savions que tous ces Indiens s'uniraient pour se mettre à notre poursuite. Le but de notre expédition était atteint : l'intention du chef au moins était entièrement remplie ; un grand nombre de captives que leurs proches avaient crues perdues pour toujours étaient délivrées.

Il se passerait quelque temps avant que les Indiens tentassent de renouveler les excursions par lesquelles ils avaient coutume de porter chaque année la désolation dans les *pueblos* de la frontière.

Le lendemain, au lever du soleil, nous avions repassé le *canon*, et nous nous dirigions vers la montagne neigeuse.

CHAPITRE LVI

El Paso Del-Norte.

Je ne décrirai pas notre traversée du désert, et je n'entrerai pas dans le détail des incidents de notre voyage au retour.

Toutes les fatigues, toutes les difficultés étaient pour moi des sources de plaisir.

J'avais du bonheur à veiller sur *elle*, et, tout le long de la route, ce fut ma principale occupation. Les sourires que je recevais me payaient, et au-delà, de mes peines. Mais étaient-ce donc des peines? Était-ce un travail pour moi que de remplir ses gourdes d'eau fraîche à chaque nouveau ruisseau, d'arranger la couverture sur sa selle, de manière à lui faire un siége commode; de lui fabriquer un parasol avec les larges feuilles du palmier; de l'aider à monter à cheval et à en descendre? Non, ce n'était pas un travail.

Nous étions heureux pendant ce voyage. Moi, du moins, j'étais heureux, car j'avais accompli l'épreuve qui m'avait été imposée, et j'avais gagné ma fiancée.

Le souvenir des périls auxquels nous venions d'échapper donnait plus de prix encore à notre félicité.

Une seule chose assombrissait parfois le ciel de nos pensées : la reine — Adèle !

Elle revenait au berceau de son enfance, et ce n'était pas volontairement;

elle y revenait en prisonnière, prisonnière de ses propres parents, de son père et de sa mère!

Pendant tout le voyage, ceux-ci veillaient sur elle avec la plus tendre sollicitude, et ne recevaient, en échange de leurs soins, que des regards froids et silencieux. Leur cœur était rempli de douleur.

Nous n'étions pas poursuivis, ou du moins l'ennemi ne se montra pas. Peut-être ne fûmes-nous pas suivis du tout. Le châtiment avait été terrible, et il devait se passer quelque temps avant que les Indiens rassemblassent les forces suffisantes pour revenir à la charge.

Nous ne perdions pas un moment d'ailleurs, et voyagions aussi vite que le permettait la composition de notre caravane.

En cinq jours, nous atteignîmes la *Barranca del Oro*, et nous traversâmes la vieille mine, théâtre de notre lutte sanglante.

Pendant notre halte au milieu des cabanes ruinées, je cherchai si je ne trouverais pas quelques vestiges de mon pauvre compagnon et du malheureux docteur

A la place où j'avais vu leurs corps, je trouvai deux squelettes dépouillés, par les loups, aussi complètement que s'ils avaient été préparés pour un cabinet d'anatomie. C'était tout ce qui restait des deux infortunés.

En quittant la *Barranca del Oro*, nous fîmes route vers les sources du rio des

Mimbres et suivîmes ce cours d'eau jusqu'au Del-Norte.

—

Le jour suivant, nous entrions dans le pueblo d'El Paso.

Notre arrivée provoqua une scène des plus intéressantes.

A notre approche de la ville, la population entière se porta à notre rencontre. Quelques-uns venaient par curiosité, d'autres pour nous faire accueil et prendre part à la joie de notre retour triomphant ;

beaucoup étaient poussés par d'autres sentiments.

Nous avions ramené avec nous un grand nombre de captives délivrées, environ cinquante, et elles furent immédiatement entourées d'une foule de citadins. Parmi cette foule, il y avait des mères, des sœurs, des amants, des maris, dont la douleur n'avait encore pu s'apaiser, et dont notre victoire terminait le deuil.

Les questions se croisaient, les regards cherchaient, l'anxiété était peinte sur toutes les figures.

Les reconnaissances provoquaient des cris de joie. Mais il y avait aussi des cris de désespoir; car parmi ceux qui étaient partis quelques jours auparavant pleins de santé et d'ardeur beaucoup n'étaient pas revenus.

Un épisode entre tous, un épisode bien triste, me frappa.

Deux femmes du peuple avaient jeté les yeux sur une captive, une jeune fille qui me parut avoir dix ans environ.

Chacune se disait la mère de cette enfant; chacune l'avait saisi par un bras, sans violence, mais avec l'intention de la disputer à l'autre.

La foule les entourait, et ces deux femmes faisaient retentir l'air de leurs cris et de leurs réclamations plaintives.

L'une établissait l'âge de l'enfant, racontait précisément l'histoire de sa capture par les sauvages, signalait certaines marques sur son corps, et déclarait qu'elle était prête à faire le serment que c'était sa fille.

L'autre en appelait aux spectateurs,

leur faisait remarquer que l'enfant n'avait pas les cheveux et les yeux de la même couleur que l'autre femme ; elle montrait la ressemblance de la jeune captive avec son autre fille qui était là, et qu'elle disait être la sœur aînée. Toutes les deux parlaient en même temps et embrassaient la pauvre enfant, chacune de son côté, tout en parlant.

La petite captive, tout interdite, se tenait entre les deux, recevant leurs caresses d'un air étonné. C'était une enfant charmante, costumée à l'indienne, brunie par le soleil du désert.

Il était évident qu'elle n'avait nul souvenir d'aucune des deux femmes; pour elle, il n'y avait pas de mère ! Tout enfant, elle avait été emmenée au désert, et, comme la fille de Seguin, elle avait oublié les impressions de ses premières années. Elle avait oublié son père, sa mère, elle avait tout oublié.

C'était, comme je l'ai dit, une scène pénible à voir.

L'angoisse des deux femmes, leurs appels passionnés, leurs caresses extravagantes mais pleines d'amour, leurs cris plaintifs, mêlés de sanglots et de pleurs, remplissaient le cœur de tristesse.

Le débat fut terminé, à ce que je pus voir, par l'intervention de l'alcade qui, arrivé sur les lieux, confia l'enfant à la police pour être gardée jusqu'à ce que la mère véritable eût pu établir les preuves de sa maternité. Je n'ai jamais su la fin de ce petit drame.

Le retour de l'expédition à El Paso fut célébré par une ovation triomphale. Salves de canon, carillons de toutes les cloches, feux d'artifice, messes solennelles, musiques en plein air dans toute la ville, rien n'y manqua. Les banquets et les réjouissances suivirent; la nuit fut éclairée par une brillante illumination de bougies, et *un gran funcian de baile* — un *fandango* — compléta la manifestation de l'allégresse générale.

Le lendemain matin, Seguin se prépara à retourner à sa vieille habitation de Del-Norte, avec sa femme et ses filles. La maison était encore debout, à ce que nous avions appris. Elle n'avait pas été pillée. Les sauvages, lorsqu'ils s'en étaient emparés, s'étaient trouvés serrés de près par un gros de *Pasenos*, et avaient dû partir en toute hâte avec leurs prisonnières, laissant les choses dans l'état où ils les avaient trouvées.

Saint-Vrain et moi nous suivions la famille.

Le chef avait pour l'avenir des projets dans lesquels tous deux nous étions intéressés. Nous devions les examiner mûrement à la maison.

Ma spéculation de commerce m'avait rapporté plus que Saint-Vrain ne l'avait présumé. Mes dix mille dollars avaient été triplés. Saint-Vrain aussi était à la tête d'un joli capital, et nous pûmes reconnaître largement les services que nos derniers compagnons nous avaient rendus.

Mais la plupart d'entre eux avaient déjà reçu un autre salaire. En sortant d'El Paso, je retournai par hasard la tête, et je vis une longue rangée d'objets noirs suspendus au-dessus des portes. Il n'y avait pas à se tromper sur la nature de ces objets, à nuls autres semblables : c'étaient des scalps.

CHAPITRE LVII

Une vibration des cordes de la mémoire.

Le deuxième soir après notre arrivée à la vieille maison du Del-Norte, nous étions réunis, Seguin, Saint-Vrain et moi, sur l'azotéa.

J'ignore dans quel but notre hôte nous avait conduits là. Peut-être voulait-il contempler une fois encore cette terre sauvage, théâtre de tant de scènes de sa vie aventureuse.

Nos plans étaient arrêtés. Nous devions partir le lendemain, traverser les grandes plaines et regagner le Mississipi.

Elles partaient avec nous.

C'était une belle et chaude soirée. L'atmosphère était légère et élastique comme elle l'est toujours sur les hauts plateaux du monde occidental. Son influence semblait s'étendre sur toute la nature animée; il y avait de la joie dans le chant des oiseaux, dans le bourdonnement des abeilles domestiques. La forêt lointaine nous envoyait la mélodie de son doux murmure; on n'entendait pas les rugissements habituels de ses hôtes sauvages et cruels : tout semblait respirer la paix et l'amour.

Les *arrieros* chantaient gaîment, en s'occupant en bas des préparatifs de départ.

Moi aussi, je me sentais joyeux ; depuis

plusieurs jours, le bonheur était dans mon âme, mais cet air pur, le plus brillant avenir qui s'ouvrait devant moi, ajoutaient encore à ma félicité.

Il n'en était pas ainsi de mes compagnons. Tous deux semblaient tristes.

Seguin gardait le silence. Je croyais qu'il était monté là pour regarder une dernière fois la belle vallée. Sa pensée était ailleurs. Il marchait de long en large, les bras croisés, les yeux baissés et fixés sur le ciment de la terrasse. Il ne regardait rien; il ne voyait rien. L'œil de son esprit seul était éveillé. Ses sourcils froncés accusaient de pénibles préoccupations. Je n'en savais que trop la cause. *Elle* persistait à ne pas le reconnaître.

Mais Saint-Vrain, — le spirituel, le brillant, le bouillonnant Saint-Vrain, — quelle infortune l'avait donc frappé? quel nuage était venu assombrir le ciel rose de sa destinée? quel serpent s'était glissé dans son cœur? à quel chagrin si vif pouvait-il être en proie, que le pétillant Paso lui-même était impuissant à dissiper? Saint-Vrain ne parlait plus; Saint-Vrain soupirait; Saint-Vrain était triste! J'en devinais à moitié la cause : Saint-Vain était...

On entend sur l'escalier des pas légers et un frôlement de robes. Des femmes montent. Nous voyons paraître mesdames Seguin, Adèle et Zoé.

Je regarde la mère; — sa figure aussi est voilée de tristesse. Pourquoi n'est-elle pas heureuse? pourquoi n'est-elle pas joyeuse d'avoir retrouvé son enfant si longtemps perdue? Ah! c'est qu'elle ne l'a pas encore retrouvée!

Mes yeux se portant sur la fille — l'aînée — la reine. L'expression de ses traits est des plus étranges.

Avez-vous vu l'ocelot captif? Avez-vous vu l'oiseau sauvage qui refuse de s'apprivoiser, et frappe, de ses ailes saignantes, les barreaux de la cage qui lui sert de prison. Vous pouvez alors vous imaginer cette expression. Je ne saurais la dépeindre.

Elle ne porte plus le costume indien. On l'a remplacé par les vêtements de la vie civilisée, qu'elle supporte inpatiemment. On s'en aperçoit aux déchirures de la jupe, au corsage béant, découvrant à moitié son sein qui se soulève, agité par des pensées cruelles.

Elle suit sa mère et sa sœur, mais non

comme une compagne. Elle semble prisonnière; elle est comme un aigle à qui on a coupé les ailes. Elle ne regarde personne. Les tendres attentions dont on l'a entourée ne l'ont point touchée. Dès que sa mère, qui l'a conduite sur l'azotéa, lui lâche la main, elle s'éloigne, va s'accroupir à l'écart, et change plusieurs fois de place, sous l'influence d'émotions profondes.

Accoudée sur le parapet, à l'extrémité occidentale de l'azotéa, elle regarde au loin — du côté des Mimbres. Elle connaît bien ces montagnes, ces pics de sélénite brillante, ses sentinelles immobiles du désert; elle les connaît bien : son cœur suit ses yeux.

Tous nous l'observons; elle est l'objet de notre commune sollicitude. C'est à elle que se rapportent toutes les douleurs. Son père, sa mère, sa sœur, l'observent avec une profonde tristesse; Saint-Vrain aussi. Cependant, chez ce dernier l'expression n'est pas la même. Son regard trahit l'....

Elle s'est retournée subitement; et s'apercevant que tous nos yeux sont fixés sur elle, nous regarde l'un après l'autre... Ses yeux rencontrent ceux de Saint-Vrain !

Sa physionomie change tout à coup ; elle s'illumine, comme le soleil se dégageant des nuages. Ses yeux s'allument. Je connais cette flamme : je l'ai vue déjà, non dans ses yeux, mais dans des yeux qui ressemblaient aux siens, dans ceux de sa sœur ; je connais cette flamme : c'est celle de l'amour.

Saint-Vrain ! Lui aussi est en proie à la même émotion. Heureux Saint-Vrain ! heureux, car son amour est partagé.

Il l'ignore encore, mais je le sais, moi.

Je pourrais d'un seul mot combler son cœur de joie.

Quelques moments se passent ainsi. Ils se regardent : leurs yeux échangent des éclairs. Ni l'un ni l'autre ne peut les détourner. Ils obéissent à la puissance suprême de l'amour.

L'énergique et fière attitude de la jeune fille s'affaisse peu à peu ; ses traits se détendent ; son regard devient plus doux ; tout son extérieur s'est transfiguré.

Elle se laisse aller sur un banc, et s'appuie contre le parapet. Elle ne se tourne plus vers l'est; ses regards ne cherchent plus les Mimbres.

Son cœur n'est plus au désert! il a suivi ses yeux qui restent continuellement fixés sur Saint-Vrain.

De temps en temps, ils s'abaissent sur les dalles de l'azotéa? mais sa pensée les ramène au même objet; elle le regarde tendrement, plus tendrement chaque fois qu'elle y revient.

L'angoisse de la captivité est oubliée. Elle ne désire plus s'enfuir. L'endroit où *il* est n'est plus pour elle une prison ; c'est un paradis.

On peut maintenant laisser les portes ouvertes. L'oiseau ne fera plus d'efforts pour sortir de sa cage : il est apprivoisé.

Ce que la mémoire, l'amitié, les caresses, n'ont pu faire, est accompli par l'amour en un instant ; la puissance mystérieuse de l'amour a transformé ce cœur sauvage ; le temps d'une pulsation a suffi pour cela : les souvenirs du désert sont effacés.

Je crus voir que Seguin avait tout remarqué, car il observait avec attention les moindres mouvements de sa fille.

Il me sembla que cette découverte lui faisait plaisir ; il paraissait moins triste qu'auparavant.

Mais je ne continuai pas à suivre cette scène. Un intérêt plus vif m'attira d'un autre côté, et, obéissant à une douce at-

traction, je me dirigeai vers l'angle méri-
dional de l'azotéa.

Je n'étais pas seul. Ma bien-aimée était avec moi, et nos mains étaient jointes, comme nos cœurs.

Notre amour n'avait point à se cacher; avec Zoé, il n'avait jamais été question de secrets sous ce rapport.

Notre passion s'abandonnait aux impulsions de la nature. Zoé ne savait rien des usages conventionnels du monde, de la société, des cercles soi-disant raffinés. Elle ignorait que l'amour fût un sentiment dont on pût avoir à rougir.

Jusque-là, nuls témoins ne l'avaient gênée. La présence même de ses parents, si redoutable aux amoureux moins purs que nous ne l'étions, n'avait jamais mis le moindre obstacle à l'expression de ses sentiments.

Seule ou devant eux, sa conduite était la même. Elle ignorait les hypocrisies de la nature conventionnelle; les scrupules,

les intrigues, les luttes simulées. Elle ignorait les terreurs des âmes coupables. Elle suivait naïvement les impulsions placées en elle par le Créateur.

Il n'en était pas tout à fait de même chez moi. J'avais vécu dans la société ; peu, il est vrai, mais assez pour ne pas croire autant à l'innocente pureté de l'amour ; assez pour être devenu quelque peu sceptique sur sa sincérité.

Grâce à elle, je me débarrassais de ce misérable scepticisme; mon âme s'ouvrait à l'influence divine : je comprenais toute la noblesse de la passion. Notre attachement était sanctionné par ceux-là mêmes qui seuls avaient le droit de le sanctionner. Il était sanctifié par sa propre pureté.

Nous contemplons le paysage, rendu plus beau par le coucher du soleil, dont les rayons ne frappent plus la rivière, mais dorent encore le feuillage des cotonniers qui la couvrent, et envoient, çà et là, une traînée lumineuse jusque sur les flots.

La forêt est diaprée des riches nuances

de l'automne. Les feuilles vertes sont entremêlées de feuilles rouges; ici elles revêtent le jaune d'or, là le marron foncé.

Sous cette brillante mosaïque, le fleuve déploie ses courbes sinueuses, comme un serpent gigantesque dont la tête va se perdre dans les bois sombres qui environnent El Paso.

Tout cela se déroule à nos yeux, car la place que nous occupons domine le paysage. Nous voyons les maisons brunes du village, le clocher brillant de son église.

Combien de fois, dans nos heures d'ivresse, nous avons regardé ce clocher! Jamais avec autant de bonheur que dans ce moment. Nous sentons que nos cœurs débordent.

Nous parlons du passé comme du présent; car Zoé compte maintenant des événements dans sa vie. Sombres tableaux, en vérité; mais souvent ce sont ceux-là dont on aime le plus à évoquer le souvenir.

Les scènes du désert ont ouvert à son intelligence tout un horizon de pensées nouvelles qui provoquent de sa part des questions sans nombre.

Nous parlons de l'avenir. Il est tout lumière, quoique un long et périlleux voyage nous en sépare encore. Nous n'y pensons pas. Nous regardons au-delà; nous pensons à l'époque où je lui enseignerai, où elle apprendra de moi, ce que c'est que le mariage.

Les vibrations d'une mandoline se font entendre. Nous nous retournons. Madame

Seguin est assise sur un banc ; elle tient l'instrument dans ses mains ; elle l'accorde. Jusqu'à ce moment, elle n'y avait pas touché. Il n'y avait pas eu de musique depuis notre retour.

C'est à la demande de Seguin que l'instrument a été apporté, il veut, par la musique, chasser les sombres souvenirs ; ou peut-être espère-t-il adoucir les pensées cruelles qui tourmentent encore son enfant.

Madame Seguin se dispose à jouer ; nous nous rapprochons pour entendre.

Seguin et Saint-Vrain causent à part. Adèle est encore assise où nous l'avons laissée, silencieuse, absorbée.

La musique commence; c'est un air joyeux, un fandango; un de ces airs dont les Andalouses aiment à suivre la cadence avec leurs pieds.

Seguin et Saint-Vrain se sont retournés; nous regardons tous la figure d'Adèle. Nous tâchons de lire dans ses traits.

Les premières notes l'ont fait tressaillir;

ses yeux vont de l'un à l'autre ; de l'instrument à celle qui le tient ; elle semble étonnée, curieuse.

La musique continue. La jeune fille s'est levée, et par un mouvement machinal elle se rapproche du banc où sa mère est assise. Elle s'accroupit à ses pieds, place son oreille tout près de la boîte vibrante, et prête une oreille attentive. Sa figure revêt une expression singulière.

Je regarde Seguin ; sa physionomie n'est pas moins étrange ; ses yeux sont fixés sur ceux de sa fille; il la dévore du regard; ses lèvres sont entr'ouvertes; il semble ne pas respirer. Ses bras pendent sans mouvement, et il se penche vers elle comme pour lire sur son visage les pensées qui agitent son âme.

Il se relève, comme frappé d'une idée soudaine.

— Oh! Adèle! Adèle! — s'écrie-t-il d'une voix oppressée! en s'adressant à sa femme, — oh! chante cette chanson, cette romance si douce, tu te rappelles; cette chanson que tu avais l'habitude de lui ré-

-péter si souvent. Tu te la rappelles, Adèle!
Regarde-la! vite! vite! Oh! mon Dieu!
peut-être elle pourra...

La musique l'interrompt. La mère l'a
compris, et, avec l'habileté d'une virtuose, elle amène par une modulation savante un chant d'un caractère tout différent: je reconnais la douce cantilène espagnole: « *La madre a su hija.* » (La mère
à son enfant).

Elle chante en s'accompagnant de la
mandoline. Elle y met toute son âme;
l'amour maternel l'inspire. Elle donne aux

paroles l'accent le plus passionné, le plus tendre :

> *Tu duermes, cara nina!*
> *Tu duermes en la paz.*
> *Los angeles del cielo*
> *Los angeles guardan, guardan*
> *Nina mia! Ca-ra mi —*

. . . .

Le chant est interrompu par un cri, — un cri dont l'expression est impossible à rendre.

Les premiers mots de la romance avaient fait tressaillir la jeune fille, et son attention avait redoublé, s'il était possible.

Pendant que le chant continuait, l'expression singulière que nous avions remarquée sur sa figure devenait de plus en plus visible et marquée.

Quand la voix arriva au refrain de la mélodie, une exclamation étrange sortit de ses lèvres. Elle se dressa sur ses pieds, regarda avec égarement celle qui chantait.

Ce fut un éclair! L'instant d'après, elle criait d'un accent profond et passionné: « Maman! maman! » et tombait dans les bras de sa mère.

Seguin avait dit vrai lorsqu'il s'était écrié : « Peut-être un jour Dieu permettra qu'elle se rappelle! » Elle se rappelait, non seulement sa mère, mais, bientôt après, elle le reconnaissait lui aussi.

Les cordes de la mémoire avaient vibré, les portes du souvenir s'étaient ouvertes. Elle retrouvait les impressions de son enfance. *Elle se rappelait tout!*

Je ne veux point tenter de décrire la scène qui suivit. Je n'essaierai pas de peindre les sentiments des acteurs de cette scène, les cris de joie céleste mêlés de sanglots et de larmes, larmes de bonheur!

Nous étions tous heureux, ivres de joie; mais pour Seguin, cette heure était l'*heure de sa vie*.

FIN.

TABLE

Des chapitres du cinquième volume.

		Pages
Chap. XLVI.	Bataille entre quatre murs (suite).	1
— XLVII.	Singulière rencontre dans une cave.	17
— XLVIII.	Enfumés.	49
— XLIX.	Un nouveau mode d'équitation.	69
— L.	Une nuance bon teint.	83
— LI.	Émerveillement des naturels.	109
— LII.	La course aux massues.	133
— LIII.	Combat au bord d'un précipice.	161
— LIV.	Rencontre inespérée.	193
— LV.	La délivrance.	225
— LVI.	El Paso del Norte.	243
— LVII.	Une vibration des cordes de la mémoire.	259

Fin de la table du cinquième volume.

Fontainebleau, imp. de E. Jacquin.

EN VENTE CHEZ LES MÊMES ÉDIT[EURS]

ADIEUX AU MONDE
MÉMOIRES
DE CÉLESTE MOGADOR
8 volumes.

Ces Mémoires sont la vie d'une femme que tout le monde connaît. La vie de cette femme, devenue grande dame, est racontée par elle-même, dans tous ses détails, sans mystères, sans voile, sans restrictions, à titre d'enseignement aux pauvres filles abandonnées de la fortune et de leurs parents.

Cet ouvrage est complètement inédit, et n'a paru dan[s] aucun journal.

LA DAME AUX PERLES
Par Alex. DUMAS, fils. — 4 vol.

On se souvient de l'immense succès de la **Dame aux Camélias**; M. Alexandre Dumas, fils, a donné un pendant à son chef-d'œuvre en écrivant la **Dame aux Perles**. Ce n'est plus seulement un roman de jeunesse, c'est une étude du cœur humain dans ses replis les plus secrets.

HEURES DE PRISON
Par madame LAFARGE (née Marie Capelle). — 4 vol.

Le nom seul de madame Lafarge dit ce qu'est cet ouvrage. Quelle que soit l'opinion que l'on se soit faite sur elle, qu'on la croie innocente ou coupable, il est impossible de rester indifférent à ces récits entraînants où la magie du style s'unit à la force des pensées.

DU SOIR AU MATIN
Par A. DU CASSE. — 1 vol.

Initier les personnes qui n'ont jamais fait partie de l'armée à quelques habitudes de la vie militaire, rappeler à ceux qui ont été soldats quelques souvenirs de garnison, retracer pour ceux qui sont encore au service quelques scènes de leur vie intime, amuser un peu tout le monde, voilà quel est le but de ce livre.

LES
PETITS-FILS DE LOVELACE
Par Amédée ACHARD. — 3 volumes.

Les qualités qui distinguent cette œuvre placent M. Amédée Achard au rang de nos romanciers de premier ordre. C'est un de ces drames effrayants de la vie du grand monde dont Balzac nous a, le premier, révélé les mystères.

Fontainebleau, imp. de E. Jacquin.